하루 10분
두뇌 트레이닝

하루 10분
두뇌 트레이닝

장춘수, 이호건 지음

brain training

피플 밸류 HS

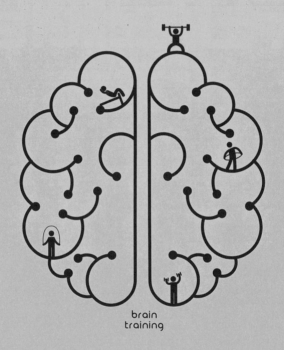

brain
training

섹시한 이성이 당신에게
프러포즈를 할지도 모른다!

"내 얼굴과 당신의 머리를 물려받은 아이가 태어난다면 근사한 일이겠지요?"

세계적인 무용수인 이사도라 던컨Isadora Duncan이 노벨상을 수상한 극작가 버나드 쇼Bernard Shaw에게 청혼하면서 건넨 말이다. 자존심 따위는 어디다 팔아먹었는지 당대 최고의 미녀가 먼저 프러포즈를 한 것이다. 생각해보라. 당신에게 최고의 미녀가 청혼을 해 온다면? 승낙하겠는가, 거절하겠는가? 이 상황에서 거절을 한다면 정신 나간 사람일지도 모른다. 던컨의 제안에 버나드 쇼는 어떻게 대답했을까? 그는 다음과 같은 말로 단번에 거절했다고 한다. "당신의 기대와 달리, 내 얼굴과 당신의 머리를 물려받은 아이가 태어나면 어떻게 하겠소." 이 이야기는 인간 종種에게 있어 외모의 우수성보다 두뇌의 뛰어남이 더 매력적인 요소라는 증거라 하겠다.

진화론적 관점에서 보자면 개인이 가진 성적 매력은 생존에 유리한 조건이다. 마찬가지로 지적 능력 또한 약육강식이 지배하는 정글에서 살아남기 위해 반드시 갖추어야 할 무기 중 하나다. 예로부터 뛰어난 지적 능력은 인간 세계를 지배하는 핵심 권력이었다. 아무리 돈이 많아도 아무리 외모가 출중해도 머리가 뛰어난 사람에게는 한 수 접고 들어간다. 삼국 통일을 꿈꾸던 유비가 당시 최고의 '뇌섹남'이었던 제갈공명에게 삼고초려三顧草廬한 이유도 그가 가진 두뇌의 탁월한 능력 때문이었다. 이처럼 예나 지금이나 두뇌가 뛰어난 사람은 존경과 숭배의 대상이다.

그래서인지 최근 몇 년 사이에 TV에서는 전문가들이 지식의 향연을 펼치는 강연 프로그램이 많아졌다. 또 두뇌가 비상하다고 알려진 연예인이 출연하여 어려운 문제를 풀어가는 프로그램도 있고, 심지어 각 분야의 전문가들이 나와서 보통 사람에게는 '알쓸신잡(알아봐야 쓸데없는 신기하고 잡다한)'한 지식을 알려주는 프로그램도 인기를 끌고 있다. 학창시절 공부라면 치를 떨었던 대다수 사람들이 이 같은 프로그램에 관심을 갖는 이유는 무엇 때문일까? 사람이라면 누구나 가지고 있는 '똑똑해지고 싶은 욕구' 때문이다.

흔히 인간의 본능에는 진선미眞善美에 대한 욕구가 내재하고 있다고 말한다. 이 중에서 진리 추구와 관련된 욕구, 즉 지적 욕구는 다른 어떤 것과도 비교할 수 없는 최고의 욕망이다. 대체로 인간은 '똑똑하다'라는 말을 듣고 싶어 한다. 게다가 '똑똑한' 사람을 좋아하고 심지어 존경을 표하기도 한다. 요즘 들어 '뇌섹남', '뇌섹녀'라는 말이 많이 회자되는 것도 이러한 배경과 무관하지 않다. 특히 지식정보화 시대를 살아가는 현대인들은 과거 어느 시대보다 지식과 정보에 대한 욕구가 강하다. 지적 능력이 최고의 경쟁력인 시대를 살고 있기 때문이다.

지적 능력이 요구되는 시대를 살아가는 현대인들은 과

거보다 머리가 좋아지고 두뇌가 섹시해졌을까? 여기에
대한 대답은 다소 부정적이다. 얼핏 보면 현대인들은 과
거보다 똑똑해졌다고 생각하기 쉽지만 실상은 그렇지 않
다. 이는 우리가 살아가는 환경과 관련이 있다. 인간은
기본적으로 환경의 지배를 받는 동물이다. 지식정보화
시대를 살아가는 인간은 시대의 변화에 맞게 수많은 스마
트 기기를 발명했으며, 이를 실생활에 다양하게 활용하
고 있다. 이로 인해 현대인의 능력은 과거와는 비교가 되
지 않을 정도로 향상되었다. 하지만 이는 인간 종種에 대
한 평가일 뿐이다.

불행하게도 종種이 아니라 개체에 불과한 개인들은 과
거보다 우수해졌다고 장담할 수 없다. 두뇌의 활용 면에
서는 더욱 그렇다. 현대인들은 과거에 비해 외우고 있는
전화번호도 적고, 내비게이션이 없으면 길도 잘 찾지 못
한다. 컴퓨터나 스마트폰이 없으면 스스로 할 수 있는
게 별로 없다. 조금 심하게 표현하면, 스마트 기기의 도
움 없이는 백치 수준에 가깝다. 이러한 현상을 두고 현대
의 학자들은 '디지털 치매'라 부른다. 디지털 치매란 디지
털 기기를 사용하면 할수록 두뇌의 기능이 저하되는 현상

을 말한다. 인간 종種의 능력은 향상되었으나 개인의 두뇌 기능은 저하되는 현상. 원인은 두말할 것도 없이 디지털 기기의 무분별한 사용 때문이다.

현대인들은 과도하게 디지털 기기를 사용하면서 급기야 '디지털 중독'에까지 이르렀고, 그 결과 두뇌를 사용하는 능력이 감퇴되었다. 디지털 기기를 활용하면서 삶에 필요한 지식과 정보를 아웃소싱함으로써 정작 두뇌는 텅 비어 버린 것이다. 이 사태를 어떻게 해결해야 할까? 이제라도 모든 스마트 기기를 치워버려야 할까? 이는 결코 현명한 대처가 아니다. 지식정보화 시대를 살아가면서 디지털 기기를 전혀 사용하지 않는 것은 마치 전쟁터에서 스스로 무장해제를 한 채 싸우는 꼴이다. 현대인들에게 있어 디지털 기기 사용은 불가피한 선택이다. 디지털 기기의 과도한 사용으로 인해 부작용이 생겼다고 그것을 모두 없애 버리는 것만이 능사는 아니다. 여기에 대해 많은 전문가들은 몸 속에 쌓인 독소를 빼내라고 조언한다. '디지털 디톡스'가 필요하다는 뜻이다. 과도한 디지털 기기 사용을 중단하고 명상, 독서 등을 통해 몸과 마음의 기력을 회복하라는 것이다.

그런데 여기서 한 단계 더 나아갈 수도 있지 않을까? 단순히 스마트 기기의 사용을 줄이기보다 좀 더 적극적으로 두뇌의 능력을 향상시킬 필요도 있지 않을까? 요컨대 두뇌 트레이닝이 더 나은 방법이란 뜻이다. 아름다운 몸매를 가꾸기 위해서는 피트니스 클럽에서 땀을 흘려야 하듯이, 건강하고 섹시한 두뇌를 만들기 위해서도 적합한 트레이닝을 할 필요가 있다. 인간의 두뇌 능력은 타고나거나 고정된 것이 아니기 때문이다. 어떻게 활용하고 연습하는가에 따라 두뇌의 기능을 끊임없이 개발하고 향상시킬 수 있다.

이 책은 섹시한 두뇌를 만들고자 하는 사람에게 적절한 트레이닝 방법을 제시할 목적으로 쓰였다. 책에서는 두뇌의 4가지 기능(흡수력, 기억력, 논리력, 창의력)을 중심으로 각각을 향상시키기 위한 구체적인 방법을 소개하고 있다. 이를 위해 각 장은 두뇌의 기능에 대한 이론적인 설명과 함께 간단한 퀴즈와 트레이닝을 위한 연습 문제 풀이 등으로 구성되어 있다. 신체 능력 향상을 위한 피트니스 훈련에서 고난이도의 동작이 반복되면 일반인은 따라 하기조차 어렵다. 이런 이유로 이 책에서도 지나치게 어려운 두뇌 트레이닝 과제는 되도록 배제하였다. 약간의 노력만 기울인다면 누구나 쉽게 따라 할 수 있도록 하기 위해서다. 책의 안내대로 성실히 따라 하기만 해도 두뇌 능력이 확실히 향상됨을 느낄 수 있을 것이다.

추가로 언급하자면, 이 책은 순서대로 읽을 필요가 없다. 관심이 있거나 필요한 부분부터 먼저 읽어도 전혀 상관없다. 하지만 균형 잡힌 영양을 위해서는 편식이 곤란하듯이, 섹시한 두뇌를 위해서는 4가지 능력을 골고루 향상시킬 것을 추천하는 바이다. 추측건대 이 책을 완독했다고 해서 갑자기 '뇌섹남', '뇌섹녀' 소리를 듣는 일은 좀처럼 일어나지 않을 것이다. 하지만 던컨 같은 미녀(또는 미남)가 제 발로 찾아와서 당신에게 프러포즈를 하는 기적이 일어날지는 모른다. 본디 기적이란 인간의 상식을 뛰어넘는 일로 그 일이 실제 벌어지기 전까지는 누구도 상상조차 하지 못하는 법이다. 해서, 단정하지 말자. 누가 알겠는가? 당신이 그 기적의 주인공이 될지. 모쪼록 건투를 빌겠다.

– 역시 기적을 꿈꾸는 저자 일동

차례

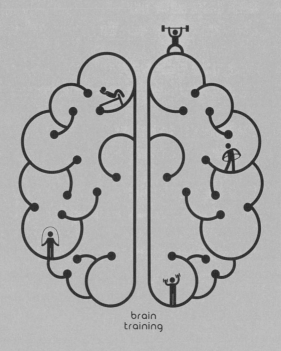

brain
training

PART 1

생각하지 않는
두뇌

[문제]

다음에 주어진 8장의 카드로 두 수의 차이가 가장 적은 4자리 수 2개를 만들어보자. 당신이 생각하는 정답은 무엇인가?

정답은 6013과 5987이다. (6013-5987=26) 이 문제를 푸는 데 어려움은 없었는가? 사실 그렇게 어려운 문제는 아니다. 생각을 조금만 깊게 하면 누구나 풀 수 있는 문제다. 하지만 이런 문제를 접했을 때, 먼저 머리부터 아파 오는 사람이 많다. 왜 그럴까? 생각하기가 귀찮기 때문이다.

현대인들은 왜 생각하는 것을 귀찮아하는 걸까? 여러 원인이 있겠지만, 현대인들이 사용하는 각종 스마트 기기의 영향을 무시할 수 없다. 손에는 스마트폰과 태블릿, 책상 위에는 노트북, 거실에는 스마트TV, 자동차에는 길 안내 도우미인 내비게이션 등등 현대인들은 다양한 스마트 기기들에 둘러싸여 일상생활을 즐기고 있다. 그로 인해 현대인의 일상이 매우 편리해진 것은 분명하다. 하지만 두뇌를 사용할 일은 과거에 비해 줄어들었다. 두뇌를 사용하지 않다 보니 두뇌의 성능이 점점 떨어지게 되고, 그 결과 두뇌를 사용해야 하는 상황에 맞닥뜨리게 되면 머리부터 아파 온다.

스마트 기기와 논-스마트 두뇌

[문제] 지금 자신이 외우고 있는 전화번호를 모두 떠올려 적어 보자.

현재 외우고 있는 전화번호를 몇 개나 적었는가? 10개 이상 된다면 그나마 훌륭하다. 아마 대부분의 사람들은 매우 적은 숫자의 전화번호만 외우고 있을 가능성이 크다. 요즘 사람들은 왜 전화번호를 외우지 못하는 것일까? 머리가 나빠서? 아니다. 굳이 외울 필요가 없기 때문이다. 엄청난 용량을 자랑하는 스마트폰에 모든 정보가 저장되어 있기 때문에 굳이 머리를 써 가며 외우지 않아도 된다.

온라인 설문조사 시스템인 두잇서베이의 조사에 따르면, 현대인들은 가까운 사람의 전화번호조차 기억하지 못하는 등 기억력이 과거에 비해 감퇴한 것으로 밝혀졌다. 조사 결과 부모나 형제의 전화번호를 기억하지 못하는 사람이 33.7%인 것으로 나타났으며, 외우고 있는 전화번호가 거의 없다고 응답한 사람도 무려 48.8%였다. 스마트폰의 기능이 좋아지고 저장 용량이 커지면서 그 속에 저장된 정보는 많아졌으나 정작 그 내용을 외우지는 못하고 있다. 스마트 기기로 인해 오히려 두뇌(머리)는 나빠지고 있다고 할 수 있다.

이런 현상은 현실에서 자주 경험하게 된다. 평소 가깝

게 지내는 사람의 전화번호를 기억하지 못하거나, 노래방 기기의 가사 자막을 보지 않고는 부를 수 있는 노래가 거의 없는 경우도 많다. 요즘은 자동차를 운전하는 사람들 대부분이 목적지까지의 길을 알려주는 내비게이션의 도움을 받는데, 여기에 적응되면 내비게이션 없이는 목적지를 찾아가지 못하는 경우도 많다. 이처럼 현대인들은 각종 스마트 기기의 도움을 받으며 살아가고 있기에 그것과 단절된 세상은 상상조차 하기 어렵다.

물론 스마트 기기를 활용함으로써 일상의 편의성과 효율성이 향상되기도 했다. 하지만 우리가 스마트해지거나 똑똑해졌다고 보기는 어렵다. 스마트 기기와 연결되어 있을 때는 '스마트'해 보이지만, 그것의 도움을 받지 못하면 혼자서 할 수 있는 일이 점점 줄어들고 있기 때문이다. 어쩌면 스마트 기기가 스마트해질수록 우리의 두뇌는 '논-스마트non-smart'해지는 역설이 발생하고 있는 것일 수도 있다.

이러한 현상은 왜 발생하는 것일까? 최근 의학계에서는 디지털 기기의 과도한 사용으로 인한 부작용으로 '디지털 치매Digital Dementia' 현상을 경고한다. 디지털 치매란 스마트폰이나 컴퓨터, 내비게이션 등 각종 디지털 기기에 과도하게 의존한 나머지 기억력이나 계산 능력이 크게 떨어진 상태를 말한다. 국립국어원에서는 디지털 치매를 '다양한 디지털 기기의 발달에 힘입어 스스로 뇌를 사용하지 않고 무의식적으로 디지털 기기에 의존하게 된 현대인들의 기억력 감퇴 현상'이라고 정의했다. 쉽게 말해 디지털 기기에 대한 의존도가 두뇌의 활동을 떨어뜨려 기능이 저하되는 현상이다.

인간의 두뇌는 고정되어 있지 않고 끊임없이 변화한다. 이를 '두뇌의 가소성'이라 부른다. 가소성이란 뇌세포와 뇌 부위가 유동적으로 변하는 것을 말한다. 두뇌의 가소성 때문에 학습 능력을 가진 인간은 다른 동물보다 빠르게 두뇌를 발달시킬 수 있었다. 하지만 두뇌의 가소성은 긍정적으로 변화하는 것만은 아니다. 사용하지 않으면 두뇌의 능력이 감퇴한다. 최근 연구 결과에 따르면, 학습이나 여러 환경에 따라 뇌세포는 계속 성장하거나 쇠퇴하는 등 활발한 가소성을 보인다.

세계적인 미래학자이자 인터넷의 아버지라 불리는 '니콜라스 카Nicholas Carr'는 인터넷 등 각종 IT 기기가 인간의 뇌 구조를 바꾸고 있다고 주장한다. 인간의 생활을 편리하게 만들어주는 디지털 환경에 노출될수록 인간은 두뇌를 활용할 기회를 잃어버리고, 그 결과 생각하고 사고하는 능력마저 퇴보하고 있다는 진단이다. 따라서 디지털 기기가 발전하면 할수록 우리는 두뇌의 능력을 잃어버리지 않도록 각별히 유의해야 한다.

당신도 디지털 치매일 수 있다

앞서 말한 것처럼 현대인들의 디지털 기기에 대한 의존도는 점점 높아지고 있다. 문제는 디지털 기기로 인해 자기도 모르는 사이에 디지털 치매에 걸릴 위험에 노출된다는 점이다. 어쩌면 현대인들은 누구나 어느 정도 디지털 치매 증상을 가지고 있다고 봐도 과언이 아니다. 하여, 각자 자신의 디지털 치매 정도가 어떠한지를 점검해보기로 하자. 자신이 해당되는 항목에 체크해보자.

〈디지털 치매 자가 진단 항목〉

① 외우고 있는 전화번호는 회사 번호와 집 번호뿐이다. ( )

② 노래방에서 애창곡 가사를 보지 않으면 노래를 부를 수 없다. ( )

③ 전날 먹은 식사 메뉴가 생각나지 않는다. ( )

④ 같은 이야기를 반복한다는 지적을 받은 적이 있다. ( )

⑤ 자동차 내비게이션을 장착한 뒤, 지도는 따로 보지 않는다. ( )

⑥ 특별한 일이 없으면 손 글씨를 거의 쓰지 않는다. ( )

⑦ 전에 만난 적이 있는 사람을 처음 만났다고 착각한 적이 있다. ( )

본인에게 해당되는 것은 몇 가지인가? 전문가들은 이 중 1~2가지만 해당되어도 디지털 치매를 의심해야 한다고 경고한다. 그렇다면 도대체 이러한 현상은 왜 발생하는 것일까?

먼저 인간의 기억력이 어떤 메커니즘으로 진행되는가를 살펴볼 필요가 있다. 인간의 두뇌는 외부로부터 자극을 받아들이면 이를 한시적으로 단기 기억 저장소에 저장한다. 여기에 저장된 정보는 수많은 반복 학습을 통하여 장기 기억 저장소로 이동하게 되는데, 이렇게 저장된 정보를 필요할 때마다 뇌에서 인출하여 사용하는 것이다. 하지만 스마트 기기를 사용하면 굳이 뇌에서 기억할 필요가 없다. 그때그때 스마트 기기에서 찾아보거나 검색하면 되기 때문이다.

그래서 점점 현대인들은 반복 학습을 하지 않게 되고, 그 결과 정보가 장기 기억 저장소로 이동하지 못하기 때문에 우리는 그것을 기억하려 해도 기억하지 못하게 된다. 과도한 디지털 기기의 사용으로 인해 우리 두뇌의 기억과 인출 메커니즘이 혼란을 일으켜 본래의 기능을 상실한 상태가 된다.

결국 각종 스마트 기기는 갈수록 똑똑해지고 있는 반면 현대인들의 두뇌는 갈수록 퇴보하고 있는 셈이다. 그렇다면 이제부터 스마트 기기를 사용하지 않으면 해결이 될까? 이 방법은 현실적이지도 실현 가능하지도 않다. 이미 많은 스마트 기기가 우리 일상 깊숙이 들어와 있어 그것 없이 생활하기란 매우 어렵고 불편하다. 따라서 스마트 기기를 통해 지식과 정보를 쌓고 생활의 편리함을 추구해야 하겠지만, 한편으로는 그것으로 인한 디지털 치매를 예방하는 지혜를 모색하는 것이 현명하다. 신체 능력이 떨어졌을 때 영양 보충과 운동이 필요하듯이 두뇌의 능력이 떨어졌을 경우에도 두뇌의 운동, 즉 '필라테스'가 필요하다.

디지털 디톡스가 필요한 순간

어떻게 하면 디지털 치매에서 벗어날 수 있을까? 구글의 에릭 슈미트Eric Schmidt 회장은 2012년 보스턴대 졸업식 축사를 통해 "인생은 모니터 속에서 이뤄질 수 없다."라고 말하며, "하루 한 시간 만이라도 휴대폰과 컴퓨터를 끄고 사랑하는 이의 눈을 보며 대화하라."라고 강조한 바 있다. 세계적인 인터넷 기업을 운영하고 있는 그도 디지털 기기의 부작용을 인식하고 있었던 모양이다.

현대인들의 일상 깊숙이 들어와 있는 디지털 기기의 부작용을 최소화하기 위한 처방으로 등장한 것이 바로

'디지털 디톡스'다. 디톡스detox는 인체의 독소를 없애는 것을 일컫는 말로, 디지털 중독 치유를 위해 적용하는 디톡스 요법을 '디지털 디톡스'라 한다. '디지털 단식' 또는 '디지털 금식'이라고 부르기도 하는 디지털 디톡스는 디지털 홍수에 빠진 현대인들의 심신을 치유하기 위한 방법이라고 할 수 있다. 무절제한 디지털 기기 사용은 두뇌에 좋지 않은 영향을 미칠 뿐 아니라 중독 현상으로 이어지기 쉽다. 따라서 이를 예방하고 치유하기 위해 각종 디지털 기기 사용을 중단하고 명상, 독서 등을 통해 몸과 마음을 회복시키자는 것이 주된 골자다.

미국의 《워싱턴포스트》는 일상생활에서 쉽게 할 수 있는 디지털 디톡스 5가지 방법을 다음과 같이 소개했다.

① 침대에 스마트폰을 가지고 가지 않는 것

② 이메일 계정에서 로그아웃하는 것

③ SNS와 모바일 메신저의 '알림' 기능을 끄는 것

④ 스마트폰이나 컴퓨터 화면 대신 종이 책을 보는 것

⑤ 온라인 접속 시간을 측정하여 통제하는 것

스마트 기기들은 '야누스'와 같은 두 얼굴을 가졌다. 그것들은 우리의 삶을 편리하게 만들기도 하지만, 우리의 두뇌를 마비시켜 생각 없게 만들 수도 있다. 어떤 결과를 만들지는 우리 손에 달렸다. 최소한 스마트 기기로 인해 우리가 보다 덜 '스마트'해지는 부작용은 막아야 한다.

니콜라스 카는 그의 책『생각하지 않는 사람들』에서 이렇게 경고한다. "우리가 세상을 이해하기 위해 컴퓨터에 의존하게 되면서 인공지능으로 변해버리는 것은 바로 우리의 지능(두뇌)이다." 우리가 컴퓨터와 인터넷 등 디지털 환경에 노출될수록 우리의 두뇌는 제 기능을 잃고 마치 기계처럼 변할 것이라는 경고다.

그렇다면 이제라도 스마트 기기를 멀리해야 할까? 그렇지 않다. 스마트 기기는 이미 우리 생활 깊숙이 자리 잡고 있기 때문에 스마트 기기가 없는 세상은 생각하기조차 어렵다. 사실 사태는 심각하지만 해법은 단순하다. 스마트 기기를 폐기할 수 없다면 할 수 있는 방법은 단 하나다. 수시로(또는 자주) 우리의 두뇌를 훈련시키는 일이다. 두뇌 트레이닝을 통해 두뇌 능력이 감퇴하는 것을 막고, 두뇌가 활성화되도록 의식적인 노력을 기울여야 한다. 그것만이 스마트 기기가 주는 부작용에서 벗어날 수 있는 길이다. 지금부터 꾸준한 두뇌 트레이닝을 통해 몸짱 대신 '뇌짱'이 되기 위해 노력해보는 것은 어떨까?

① 스마트 기기를 활용함으로써 일상의 편의성과 효율성이 향상되었지만 한편 잃는 것도 있으니, 바로 두뇌의 활용 능력이다. 각종 디지털 기기들이 스마트해질수록 우리의 두뇌는 '논-스마트non-smart'해지는 역설이 발생하고 있다.

② 넘쳐나는 각종 디지털 기기들에 대한 의존도가 점점 높아지면서 우리는 자기도 모르는 사이에 디지털 치매에 걸릴 위험에 노출되어 있다. 어쩌면 당신도 디지털 치매 증상을 가지고 있을지 모른다.

③ '디지털 디톡스'가 필요하다. 무절제한 디지털 기기 사용을 중단하고 명상, 독서 등을 통해 몸과 마음을 회복시켜야 한다.

④ 그러나 디톡스만으로는 부족하다. 적극적인 두뇌 트레이닝이 필요하다. 다양한 방식으로 두뇌를 활용하는 '두뇌 트레이닝'을 통해 두뇌의 능력이 감퇴하는 것을 막고, 활성화되도록 의식적인 노력을 기울여야 한다.

PART 2

어디를
트레이닝할 것인가

인간이 다른 동물들과 구분되는 특징으로 자주 하는 표현 중에 "인간은 생각하는 동물이다."라는 말이 있다. 인간은 생각을 함으로써 다른 동물들과 구분되며, 신체적 능력이 뛰어나지 못함에도 만물의 영장으로 우뚝 설 수 있었다. 그렇다면 생각이 이루어지는 장소는 어디일까? 바로 두뇌다. 인간은 두뇌 능력이 다른 동물에 비해 뛰어났기 때문에 최고의 지위에 오르게 되었다. 따라서 인간에게 있어 두뇌를 활용하는 능력은 무엇보다 중요하며, 인간을 인간답게 만드는 근원이라 할 수 있겠다. 지금부터 인간에게 가장 중요한 신체 부위인 두뇌의 구조와 기능에 대해 살펴보고, 두뇌 트레이닝의 영역에 대해 알아보자.

1

두뇌의 구조

"인간은 생각하는 갈대다." 이미 사람들에게 잘 알려져 있는 이 표현은 프랑스 철학자 블레즈 파스칼Blaise Pascal 의 『팡세』에 나오는 말이다. 이 말을 두고, 사람들은 인간 은 '생각하는 존재'라고 하거나 갈대처럼 '연약한 존재'라 는 등 해석이 분분하다. 하지만 책의 전문을 살펴보면 파 스칼이 그러한 주장을 펼친 본질이 명확하게 드러난다. 전문의 주요 내용은 이렇다.

"인간은 자연에서 가장 연약한 한 줄기 갈대일 뿐이다. 그러나 그는 생각하는 갈대이다. (…) 그러므로 우리의 모든 존엄성은 사유思惟로 이루어져 있다. (…) 그러니 올바르게 사유하도록 힘쓰자. 이것이 곧 도덕의 원리이다."

파스칼에 의하면, 인간은 광대한 대자연 가운데 한 줄기 갈대와 같이 가냘픈 존재에 불과하다. 하지만 '생각'을 함으로써 누구보다도 존엄한 존재가 된다. 파스칼은 인간이 가진 생각하는 능력, 즉 사유 능력을 최대한으로 활용하는 것이 우리 인간을 존엄하게 만들고, 그것이 곧 도덕적이라고 주장하였다.

인간의 신체 중 생각을 담당하는 기관은 두뇌Brain다. 두뇌는 생각만이 아니라 여러 가지 기능을 담당하고 있다. 다음 그림은 두뇌의 구조와 기능을 나타낸 것이다.

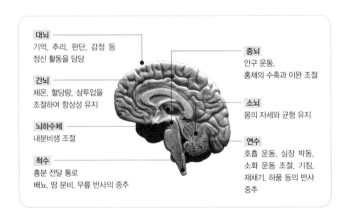

대뇌
기억, 추리, 판단, 감정 등
정신 활동을 담당

간뇌
체온, 혈당량, 삼투압을
조절하여 항상성 유지

뇌하수체
내분비샘 조절

척수
흥분 전달 통로
배뇨, 땀 분비, 무릎 반사의 중추

중뇌
안구 운동,
홍채의 수축과 이완 조절

소뇌
몸의 자세와 균형 유지

연수
호흡 운동, 심장 박동,
소화 운동 조절, 기침,
재채기, 하품 등의 반사
중추

두뇌는 기억, 사고, 판단, 추리 등 고도의 정신 활동을 담당하는 대뇌와 체온, 혈당량 등을 조절하는 간뇌, 안구 운동과 호르몬 등을 조절하는 중뇌, 근육을 조절하여 몸의 자세와 균형을 유지하는 소뇌, 호흡에서부터 심장의 박동, 소화 등을 담당하는 연수, 각종 신경이 지나가는 척수 등으로 구성되어 있다. 이 중에서 사고 활동을 관장하는 부위는 대뇌다. 따라서 사고 능력을 키우기 위해서는 대뇌의 훈련이 필요하다.

대뇌는 크게 좌뇌와 우뇌로 구분되며, 양쪽의 뇌가 담당하는 사고 활동 영역은 다르다. 좌뇌와 우뇌의 사고 능력의 차이는 다음 그림과 같다.

좌뇌	우뇌
언어적 – 이름 기억을 잘함 – 대화 시 단어를 더 많이 사용 – 언어적인 자료의 기억 – 언어적 정보의 학습에 익숙	**비언어적(시각적)** – 얼굴 기억을 잘함 – 대화 시 신체 언어 사용 – 음조적인 자료의 기억 – 경험적, 활동적인 학습에 익숙
분석적(논리적) – 체계적인 방법으로 문제 해결 – 논리적인 생각, 사고	**직관적(은유적)** – 직관적 판단에 의해 문제 해결 – 유머스런 생각과 행동
수리적 – 논리적 추리를 통한 학습 – 수학 학습에 익숙	**공간적** – 기하학적 학습 – 공간적, 시간적 과정을 통한 학습에 익숙
이성적 – 감정 억제 – 지적 – 기존 것의 개선을 선호 – 사실적, 현실적인 것을 선호	**감성적** – 감정 발산 – 창조적 – 새로운 사실의 발견 선호 – 환상적, 상상적인 것을 선호

좌뇌는 언어 능력과 관련이 있는 반면 우뇌는 비언어적 능력 즉 시각적 능력과 관련이 있다. 길을 가다가 지인을 만났을 때 이름을 떠올렸다면 좌뇌가 움직인 결과다. 하지만 얼굴이 기억난다면 우뇌가 활동한 것이다. 좌뇌가 분석적이고 논리적인 사고를 한다면 우뇌는 직관적이고 은유적이다. 좌뇌가 수리적이고 이성적이라면, 우뇌는 공간적이고 감정적인 영역을 관장한다.

두뇌 트레이닝의 4가지 영역

[문제 1] 다음은 그림 퀴즈다. 제시된 그림을 10초 동안 감상해 보자. 방 안에 어떤 사물이 어떻게 배치되어 있는지 잘 관찰하기 바란다. 제한 시간은 10초다.

10초가 되었다면 이제 그림을 보지 말고 다음의 문제를 맞혀보자. 맞으면 ○, 틀리면 ×로 체크하라.

① 책상 위에 3자루의 연필이 있다. ( )

② 창문틀에는 책과 스탠드가 있다. ( )

③ 창 커튼에 꽃무늬가 있다. ( )

④ 침대 위의 옷에는 89번의 백넘버가 달려 있다. ( )

⑤ 방에는 럭비공만 있고, 다른 공은 없다. ( )

이 문제의 정답은 모두 ×다.

[문제 2] 여기 모양과 크기가 같은 9개의 다이아몬드가 있다. 그중 8개는 진짜인데, 1개는 가짜다. 가짜는 진짜보다 무게가 조금 적게 나가는데, 인간의 감각으로는 알 수 없을 정도다. 당신은 눈금이 없는 수평 저울만 사용할 수 있다. 수평 저울을 단 2번만 사용하여 가짜 다이아몬드를 찾아보자.

(수평 저울은 단 2번만 사용 가능)

당신의 해법은?

정답은 이렇다. 먼저 수평 저울 양쪽에 3개씩 올린다. 이때 저울이 한쪽으로 기울면 가벼운 쪽에 가짜가 있고, 평형이면 저울에 올리지 않은 나머지 3개 중에 가짜가 있다. 만약 평형이라면 1개씩 올린다. 이때 한쪽으로 기울면 가벼운 것이 가짜이고, 평형이면 나머지 1개가 가짜다.

첫 번째 문제와 두 번째 문제를 푸는 데 두뇌의 기능이 동일하게 작용했을까? 그렇지 않다. 각각의 문제를 푸는 데 사용된 두뇌의 기능은 서로 달랐다. 일반적으로 종합적인 사고 능력을 관장하는 대뇌의 사고 활동은 4가지로 구분된다.

4가지 사고 활동	의미	관련 부위
흡수력	관찰하고 주위의 사물을 받아들이는 능력	좌뇌
기억력	기억하고 생각해내는 능력	좌뇌
논리력	분석하고 판단하는 능력	좌뇌
창의력	새로운 아이디어를 창출하는 능력	우뇌

언어와 분석 능력, 이성을 담당하는 좌뇌는 흡수력, 기억력, 논리력을 관장한다. 반면 시각적이고 직관적이며 감정을 담당하는 우뇌는 창의력을 관장한다. 앞에서 풀

었던 첫 번째 그림 퀴즈는 '흡수력 및 기억력'과 관련된 문제다. 주어진 그림에서 정보를 받아들이고, 나중에 다시 기억해내는 능력을 테스트한 것이다. 두 번째 문제는 '논리력'이 요구되는 문제였다. 논리적 분석과 추론을 통해 문제를 해결하는 능력과 관련이 있다.

[문제 3] 샌프란시스코와 마린 카운티를 잇는 금문교의 중간에 있던 상판이 갑자기 무너지는 대형 사고가 발생했다. 이 사고로 인해 트럭 1대와 승용차 10대가 다리 아래 바다로 추락하고 말았다. 트럭 운전사는 경미한 부상을 입었으며 빠른 사고 처리로 목숨을 건질 수 있었다. 신기하게도 이 사고로 인해 트럭 운전사의 경미한 부상 외에 다른 부상자나 사망자가 발생하지는 않았다. 바다를 가로지르는 교량이 무너져서 총 11대의 차량이 바다에 빠지는 대형 사고에서 어떻게 단 1명의 경미한 부상자만 생길 수 있었을까? 당신이 생각하는 대답은 무엇인가?

세 번째 문제의 정답은 다음과 같다. 바다에 빠진 트럭은 차량 운반용 트럭이었다. 새로 출고된 승용차 10대를 실은 트럭이 금문교를 달리다가 바다에 빠졌다. 결국 총 11대의 차량이 바다에 빠지는 대형 사고에서 운전자는 단 1명이었기 때문에 그러한 기적이 가능했다.

세 번째 문제를 풀기 위해서는 첫 번째, 두 번째와는 다른 능력이 요구되는데, 바로 '창의력'이다. 과거에 비해 현대 사회에서는 창의성이 많이 요구되는 추세다. 그에 따라 우뇌의 개발을 강조하는 경향이 있다. 하지만 그럼에도 좌뇌의 훈련을 간과해서는 안 된다. 두뇌는 여러 종류의 중추 신경과 세포들이 상호 작용을 하기 때문에 어느 특정한 부분의 개발만으로는 효과를 발휘하기 어렵다. 따라서 4가지 사고 능력을 동시에 함양할 필요가 있다.

한편, 인간의 두뇌도 용불용설用不用說을 따른다. 용불용설이란 프랑스 진화론자인 장 바티스트 라마르크Jean Baptiste Lamarck가 주장한 것으로 "자주 사용하는 기관은 발달하고 그렇지 않은 기관은 퇴화한다."라는 학설이다. 두뇌도 마찬가지로 많이 사용하면 할수록 그 기능은 향상된다. 이것이 두뇌 트레이닝이 필요한 이유이다. 또한 트레이닝의 영역은 한쪽으로 치우쳐서는 곤란하다. 상체 근육만 발달한 보디빌더가 대회에서 좋은 성적을 기대할 수 없는 것처럼 말이다. 이제 본격적으로 두뇌 트레이닝 훈련에 들어가보자.

① 인간은 생각을 함으로써 다른 동물들과 구분되며, 신체적 능력이 뛰어나지 못함에도 만물의 영장으로 우뚝 설 수 있었다. 인간에게 있어 두뇌를 활용하는 능력은 무엇보다 중요하며, 인간을 인간답게 만드는 근원이라 할 수 있다.

② 두뇌는 대뇌, 간뇌, 중뇌, 소뇌, 연수, 척수 등으로 구성되어 있으며, 각각의 역할이 매우 다양하다. 이 중에서 사고 활동을 관장하는 부위는 대뇌이기에 사고 능력을 키우기 위해서는 대뇌의 훈련이 필요하다.

③ 대뇌는 좌뇌와 우뇌로 구분한다. 좌뇌는 언어 능력과 관련이 있고 우뇌는 시각적 능력(비언어적 능력)과 관련이 있다. 좌뇌는 분석적이고 논리적인 사고를 하는 반면 우뇌는 직관적이고 은유적이다. 좌뇌가 수리적이고 이성적이라면, 우뇌는 공간적이고 감정적인 영역을 관장한다.

④ 대뇌의 사고 활동은 크게 4가지 영역, 흡수력, 기억력, 논리력, 창의력으로 구분할 수 있다. 언어와 분석 능력, 이성을 담당하는 좌뇌는 흡수력, 기억력, 논리력을 관장하고,

시각적이고 직관적이며 감정을 담당하는 우뇌는 창의력을 관장한다.

⑤ 두뇌는 여러 종류의 중추 신경과 세포들이 상호 작용을 하기 때문에 어느 특정한 부분의 개발만으로는 효과를 발휘하기 어렵다. 따라서 4가지 사고 능력을 동시에 함양할 필요가 있다.

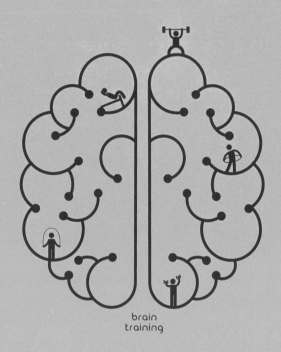

brain
training

PART 3

두뇌
흡수력

둘째가 태어나자 첫째 아이가 부모에게 질문한다. "아기는 어디서 나왔어요?" 이 말에 부모는 당황하면서 "당연한 걸 왜 물어봐!"라고 대꾸하였다. 아이는 '당연한' 질문을 한 것일까? 그렇지 않다. 아이의 눈에 그동안 없던 동생이 갑자기 나온 일은 도무지 이해되지 않는 신기한 현상이다. 이처럼 아이들은 새로운 것에 대한 호기심이 가득하고, 어른들이 보기에 너무나 당연한 일에도 의문을 갖는다.

　왜 그럴까? 호기심과 관찰력이 뛰어나기 때문이다. 이에 반해 어른들은 특별한 호기심도 없고, 세상에 새로운 일도 없다. 세상만사가 전부 익숙하고 잘 알고 있는 현상에 불과하다. 호기심이 강한 아이와 호기심이라고는 찾아볼 수 없는 어른 중에 누가 더 세상을 받아들이는 흡수 능력이 뛰어난 것일까? 당연히 아이들이다. 아이들은 세상에서 일어나는 사소한 일에도 호기심을 가지고 자세히 관찰한다. 그 과정에서 아이들은 학습을 한다. 반면 세상사를 익숙한 것으로 치부하는 어른들은 새로운 것을 배우지 못한다. 이처럼 호기심을 가지고 세계와 사물을 잘 관찰하는 능력은 학습에 있어 매우 중요하다. 지금부터는 무엇인가를 '관찰하고 받아들이는' 흡수 능력에 대해 살펴보고, 두뇌의 흡수력을 기르기 위한 방법에 대해 살펴보기로 하자.

두뇌 흡수력의 핵심은 관찰력

인간의 두뇌는 외부와의 끊임없는 상호 작용과 학습의 과정을 통해 진화한다. 이때 외부에 있는 정보를 얼마나 잘 받아들이는지가 두뇌 발달에 결정적 영향을 미치는데, 이를 '흡수력'이라고 부른다. 흡수력이란 '주위의 사물을 관찰하고 받아들이는 능력'을 말하는데, 두뇌가 무엇인가를 받아들이는 능력을 뜻한다. 흡수력이 뛰어난 사람은 스펀지가 물을 빨아들이듯이 새로운 정보를 쉽게 받아들임으로써 두뇌가 빨리 발달하게 된다.

일반적으로 인간의 두뇌가 새로운 정보를 흡수하는 과

정은 다음의 2단계를 거친다.

첫째, 관찰 단계로 외부의 사물이나 현상을 관찰하고 인식한다.

둘째, 저장 단계로 인식한 정보를 두뇌의 기억 장치에 저장한다.

당연한 말이겠지만, 두뇌에 새로운 정보를 저장하려면, 그에 앞서 무엇인가를 관찰하고 인식해야 한다. 저장 장치의 용량이 아무리 크고 기능이 뛰어나더라도, 사전에 정보를 관찰하고 인식하지 못한다면 무용지물이 되고 만다. 요컨대 흡수력에는 관찰력과 저장 능력이 모두 필요하지만 둘 중 핵심은 '관찰력'이다.

관찰력이란 '사물이나 현상을 주의하여 자세히 살펴보는 능력'을 말한다. 특히 두뇌의 발달에 있어서 관찰력은 매우 중요하다. 미국의 심리학자이자 철학자인 윌리엄 제임스William James는 그의 주저 『심리학의 원리』에서 관찰력의 중요성을 다음과 같이 말했다. "관심이 없으면 **변별이 없어진다. 경험은 유일하게 정신을 형성한다.**" 윌리엄 제임스는 관심, 즉 세심한 관찰이 없으면 사물이나 현상을 제대로 분별하고 판단할 수 없다고 보았다. 관찰의 수

준이 두뇌에서 일어나는 정신 작용의 질을 좌우한다는 뜻이다. 결국 흡수력의 핵심은 관찰력에 달렸다. 이제부터 당신의 흡수력이 어떠한지 점검해보자.

[문제] 다음 제시된 그림을 보고 질문에 답을 해 보자.

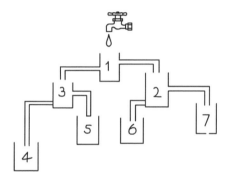

① 그림처럼 수도를 틀어 물이 조금씩 흘러나오게 했을 때, 가장 먼저 물이 가득 채워지는 컵은 몇 번일까? 그 이유는?

_____

_____

_____

② 두 번째로 물이 가득 차는 컵은 몇 번일까? 그 이유는?

---

①의 정답은 3번이다. 왜 그럴까? 1번 컵에 담긴 물은 3번으로 흘러간다. 그러나 3번 컵에서 4번과 5번 컵으로 가는 통로는 막혀 있다. (그림을 자세히 살펴보라!) 해서 3번 컵에 물이 가장 먼저 채워진다. ②의 정답은 '없다'이다. 1번 컵에 담긴 물 중 일부는 2번 컵으로 흘러간다. 하지만 2번에서 6번으로 가는 통로는 막혀 있다. 따라서 2번 컵의 물은 7번 컵으로 흘러간다. 그러나 7번 컵은 아래에 구멍이 나 있어서 물이 밑으로 빠져 버린다. 결국 아무리 시간이 지나도 3번 컵 외에 물이 가득 차는 컵은 없다.

이 문제를 잘 풀기 위해서는 세심한 관찰력이 전제되어야 한다. 관찰력은 사물이나 현상을 얼마나 자세히 살펴보는가에 달려 있다. 관찰이 제대로 되지 않으면 사물이나 현상을 정확히 이해하지 못하고, 그 결과 올바른 판단을 내리기도 어렵다.

관찰력을 기르는 3가지 방법

[문제] 다음 그림을 1분간 관찰하고 질문에 답해보자.

① 그림 속의 상황은 몇 월인가요? _____

② 이 건물은 몇 층짜리 건물인가요? _____

③ 현재 그림은 몇 층의 모습인가? _____

④ 현재 시각은 몇 시 몇 분인가? _____

⑤ 남은 방 중 저층의 방은 몇 호일까? _____

⑥ 화분은 모두 몇 개인가? _____

⑦ 강아지는 어느 쪽으로 뛰고 있는가? _____

정답은 다음과 같다. ①번은 6월, ②번은 5층, ③번은 4층, ④번은 1시 30분, ⑤번은 103호, ⑥번은 3개, ⑦번은 오른쪽에서 왼쪽으로입니다.

모두 맞혔는가? 만약 7문제를 모두 맞혔다면 당신은 대단한 관찰력의 소유자다. 아마 대부분 한두 가지는 놓친 부분이 있을 것이다.

관찰력을 기르기 위해서는 어떻게 해야 할까? 다음의 3가지를 명심하면, 관찰력을 기르는 데 도움이 된다. 첫째, 당연한 것일수록 의문을 가져라. 둘째, 해결하고자 하는 문제를 항상 염두에 두어라. 셋째, 호기심을 키워라. 좀 더 구체적으로 살펴보자.

(1) 당연한 것일수록 의문을 가져라.

관찰력을 기르기 위해서는 일상 속에서 일어나는 일에 대해 '당연하다'고 여기는 사고방식을 바꾸어야 한다. 보통 사람들의 일상은 매일매일이 거의 동일하게 반복된다. 매일 같은 시각에 일어나 동일한 패턴으로 출근 준비를 하고, 동일한 경로로 출퇴근을 한다. 일상이 반복되다 보니 특별하거나 예외적인 것이 눈에 잘 들어오지 않는다. 그 결과 일상을 아무 의심 없이 '당연한 것으로' 받아들인다. 이처럼 일상에서 만나는 것들이 당연한 것으로 치부되면 새로운 것을 관찰할 기회가 줄어든다. 즉 익숙함에서 벗어나야 새로운 것을 만날 수 있다.

[문제] 다음 그림에서 주변과 다른 마름모가 있는 것은 어느 것일까?

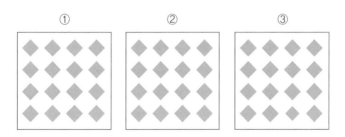

정답은 3번이다. 3번 그림의 맨 아래쪽 3번째 마름모가 다른 것보다 조금 작다. 그리 어렵지 않은 문제였을 것이다. 그러나 간단한 이 문제도 그냥 별생각 없이 지나치면 모든 마름모가 동일한 것으로 보인다.

(2) 해결하고자 하는 문제를 항상 염두에 두라.

관찰력을 기르기 위해서는 해결하고자 하는 문제를 가지고 있어야 한다. 해결해야 할 문제가 있는 사람은 그 문제에 관심을 가지고 신경을 집중하게 되며, 끊임없이 생각하고 몰입하게 된다. 그러한 노력이 쌓이면 문제 해결에 필요한 아이디어가 떠오르는 경우가 많다. 따라서 해결해야 할 문제를 가진 사람은 일상에서 만나는 대상이 모두 문제 해결에 도움이 되지 않을까를 고민하게 되므로 그 과정에서 관찰력이 자연스럽게 향상된다.

위대한 과학자 아이작 뉴턴Isaac Newton은 사과가 나무에서 떨어지는 모습을 보고 '만유인력의 법칙'을 발견했는데, 어떻게 그러한 법칙을 발견하게 됐는지 묻는 질문에 항상 이렇게 답했다고 한다. "늘 그 생각만 하고 있었습니다." 뉴턴은 자신이 고민하고 있는 문제를 어떻게 해결할 수 있을지에 대해 깊이 몰입하던 중 사과가 떨어지는 모습을 보고 새로운 법칙을 발견하게 되었다. 이처럼 해결하고자 하는 문제를 깊이 생각하는 사람에게는 세상의 현상이 새롭게 다가온다.

(3) 호기심을 키워라.

호기심은 관찰의 전제 조건이다. 세심한 관찰을 위해서는 기본적으로 사물이나 사람, 현상에 대한 호기심이 있어야 한다. 호기심이란 '새롭고 신기한 것을 좋아하거나 모르는 것을 알고 싶어 하는 마음'을 말한다. 낯선 것, 과거에 본 적이 없는 새로운 것에 대해 궁금해하고 알고 싶어 하는 마음이 호기심이다. 관찰에서 호기심이 중요한 이유는 관찰 활동이 호기심에서 시작되기 때문이다. 호기심이 없다면 관찰이 이루어지지 않고 그냥 지나쳐 버리기 쉽다. 호기심이 있어야 평범한 것에도 의문을 갖고, 사소한 것조차 신경을 쓰고 관찰할 수 있게 된다.

호기심이 남달랐던 알버트 아인슈타인Albert Einstein도

자신의 천재성에 대해 이렇게 주장했다. "난 특출하게 똑똑한 것도 아니고, 태어나면서부터 천재였던 것도 아니다. 단지 나는 항상 호기심이 매우 강했을 뿐이다." 아인슈타인의 뛰어난 과학 업적도 알고 보면 그 출발은 사소한 것에 대한 호기심이었다.

① 두뇌의 흡수력이란 '주위의 사물을 관찰하고 받아들이는 능력'을 말하는데, 한마디로 두뇌가 무엇인가를 받아들이는 능력을 뜻한다. 흡수력이 뛰어난 사람은 스펀지가 물을 빨아들이듯이 새로운 정보를 쉽게 받아들임으로써 두뇌가 빨리 발달하게 된다.

② 인간의 두뇌가 새로운 정보를 흡수하는 과정은 다음의 2단계를 거친다.

첫째, 관찰 단계로 외부의 사물이나 현상을 관찰하고 인식한다.

둘째, 저장 단계로 인식한 정보를 두뇌의 기억 장치에 저장한다.

③ 두뇌의 흡수력에는 관찰력과 저장 능력이 모두 필요하지만, 둘 중 핵심은 '관찰력'이다. 관찰력이란 '사물이나 현상을 주의하여 자세히 살펴보는 능력'을 말한다. 특히 두뇌 발달에 있어서 관찰력은 매우 중요하다.

④ 관찰력 기르는 방법 3가지를 기억하자.

첫째, 당연한 것일수록 의문을 가져라.

둘째, 해결하고자 하는 문제를 항상 염두에 두라.

셋째, 호기심을 키워라.

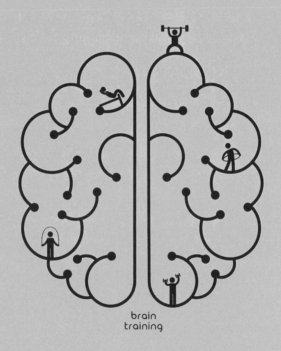

brain
training

PART 4

기억력을
높여라

[문제]

다음 질문에 답을 해 보자.

① 어제 점심 식사로 무엇을 먹었나?

② 지난주 수요일 오후에 어디에 있었나?

③ 대학교 졸업식에 입었던 옷은?

④ 스무 살이 되던 해 생일은 누구와 함께 있었나?

⑤ 고등학교 3학년 때 담임 선생님 성함은?

어떠한가? 답이 잘 나오는가? 아마 밑으로 내려올수록 기억이 가물가물하다고 느껴질지도 모르겠다. 그렇다고 실망할 필요는 없다. 최근 기억에서 장기 기억으로 넘어갈수록 기억이 희미해지는 것은 당연할 수 있다. 그런데 신기하게도 10년 전 유행했던 가요를 듣는 순간 나도 모르게 가사를 기억해내어 즐겁게 따라 부르고 있는 모습을 보기도 한다. 기억은 이처럼 오묘한 특성이 있다.

기억은 지능의 주요한 요소 중 하나다. 그래서 대부분의 사람들은 자신의 기억력이 좋기를 기대한다. 하지만 나이가 들수록 기억력이 나빠진다고 한탄만 하면서, 어쩔 수 없다고 말하는 경우가 많다. 나이가 들수록 기억력이 떨어지는 것은 정말 사실일까? 전문가들의 답변은 '아니다'이다. 우리가 학습하는 모든 것은 어떤 형태로든 두뇌에 정리되고 저장된다. 이 저장된 정보를 얼마나 잘 조작하는가에 따라 기억력이 좋은지 나쁜지가 가려진다고 한다. 지금부터 기억의 메커니즘을 이해하고, 기억력을 높일 수 있는 방법에 대해 살펴보자.

1

기억의 메커니즘

[문제] 다음에 제시되는 단어 카드를 30초간 보고 단어를 기억했다가 해당 칸에 맞게 적어보자.

소나무	접시	민들레	사인펜
냄비	숟가락	장미	자동차
냉장고	카레	보리	진달래
노트북	은하수	수선화	신발

몇 개나 맞혔는가? 전부 맞혔다면 뛰어난 기억력의 소유자라 할 만하다. 그런데 아마도 전부 맞힌 사람은 많지 않을 것이다.

이런 상황을 두고, "10년만 젊었더라면…." 하고 나이 탓을 하는 사람도 있을 것이다. 실제로 우리는 나이가 들면 들수록 기억력이 떨어져서 걱정이라고 호소하는 사람들을 많이 만나게 된다. 특히 노인들 중에는 아침에 외출할 때 '혹시 가스 불을 안 *끄고* 나온 거 아닐까?' 하는 생각에 다시 집으로 향하는 분들도 있다는 이야기를 종종 듣는다. 그렇다면 이런 현상은 과연 노화에 의한 자연스러운 현상일까? 전문가들에 의하면 그렇지 않다는 것이 정설이다. 실제로 젊은 사람들의 경우에도 친구 이름을 바로 기억하지 못하기도 하고, 오늘 점심에 먹은 메뉴가 잘 생각이 나지 않는 경우도 많다. 즉 기억력은 나이가 들었다고 실망할 일도, 나이가 젊다고 안심할 일도 아니다.

그렇다면 기억력이 떨어져서 고민이거나, 기억력을 좀 더 향상시키고 싶은 사람들은 어떻게 해결해야 할까? 먼저 기억의 메커니즘을 이해할 필요가 있다. 지금까지 과학자들은 인간의 기억이 뇌의 어느 부위에 저장되는지에 대한 연구에 많은 시간을 투자해왔다. 그 결과 해마와 비피질이 기억 형성에 관여한다는 연구 결과를 얻을 수 있었다. 그런데 최근 연구에 의하면, 기억은 뇌의 어느 한 장소에 고정되어 있지 않음이 밝혀졌다. 기억은 학습하고 경험한 것을 하나의 장소에 넣어두었다가 필요할 때 꺼내는 창고와 같은 것이 아니라, 활동이고 경험이라는 것이다.

예를 들어보자. 같은 장소와 시간에 하나의 사건을 목격한 두 사람이 완전히 다른 설명을 할 때가 있다. 이것은 사건의 실체보다 자신에게 의미 있는 것을 우선하여 기억하는 뇌의 특성 때문이다. 가령 부부 동반 모임에서 부부끼리 옛날 연애 시절 이야기를 하다가 '누가 먼저 좋아한다고 고백했는가?'를 놓고 논쟁이 벌어지기도 하며, 더 나아가 첫 키스를 했던 장소에 대해 서로 다르게 기억하고 있어 살벌한⑦ 분위기가 되는 경우도 있다. 회사에서 업무를 처리할 때도 비슷한 경험들을 할 수 있다. 대표적으로 팀장과 팀원이 모여 1시간 정도 회의 끝에 결론을 내리고 나와서 옆 동료와 회의 내용에 대해 이야기하다 보면 서로 이해하고 있는 내용이 다르다는 사실을 매우 자주 경험하기도 한다.

이런 상황은 집중력, 이해력의 차이보다는 본질적으로 기억의 메커니즘 때문에 만들어진다. 즉 우리가 무엇인가를 기억하는 것은 우리가 중요하다고 생각하는 항목을 복원하는 일이며, 따라서 기억은 매우 선별적이고 해석적일 수밖에 없다. 여기서 중요한 것은, 기억의 이러한 특성을 고려하여 기억력을 높이는 방법을 찾을 수 있다는 사실이다.

우리는 개인적인 경험이나 감정과 관련된 정보를 보

다 쉽게 기억하는 경향이 있다. 따라서 기억하고 싶은 정보가 있을 때, 그 정보에 강한 의미와 연관성을 부여하면 자연스럽게 기억력이 좋아질 수 있다. 기억과 관련해서는 이제 더 이상 나이 핑계는 통하지 않는다. 대신 기억력을 높일 수 있는 방법을 지금부터 소개할 테니, 연습을 통해 현실에 잘 적용할 수 있기를 기대한다.

여행 방식과 각인시키기

이제 기억력 향상을 위한 훈련에 들어가보자. 기억력 향상을 위한 방법은 여러 가지가 있으나 '여행 방식'과 '각인시키기'라는 두 가지 방법에 대해서 살펴보도록 하자.

(1) 여행 방식

여행 방식The Journey Method은 장소법Method of Loci이라고도 하는데, 긴 목록을 외울 때 사용하면 효과적이다. 다음 내용은 당신이 오전 중에 처리할 일의 목록이다. 메모를 하지 않는 상황에서 기억을 한다고 가정해보자.

아래 8가지 항목의 할 일을 지금부터 외워야 한다. 시간은 1분!

〈할 일 목록〉

① 옛 친구에게 이메일을 보낸다.

② 책을 구매한다.

③ 어머니 병원 진료 예약을 한다.

④ 아들 생일 선물을 구매한다.

⑤ 우유와 달걀을 구매한다.

⑥ 세탁소에 빨래를 맡긴다.

⑦ 오후에 갈 미용실을 예약한다.

⑧ 커피를 구매한다.

기억이 잘 나는가? 생각보다 쉽지 않았을 수도 있다. 그래서 지금부터 여행 방식을 활용해 기억력을 높이는 방법을 소개하겠다. 여행 방식은 자신에게 친숙한 장소들을 따라가면서 물건들을 기억해내는 연상 기호 링크 시스템의 일종이다. 즉 상상의 장소나 여행지의 한 장소에 사물을 하나씩 대입해 연상해내는 방식이다. 위에서 제시한 '할 일 목록'에 여행 방식을 적용해 기억하는 방법은 다음과 같다.

① 방 – 노트북 위에 편지가 놓여 있다.
② 방 – 문 앞에 떨어져 있는 책을 밟을 뻔한다.
③ 거리 벤치 – 어머니가 환자복을 입고 앉아 있다.
④ 거리 벤치 – 아들이 생일 모자를 쓰고 있다.
⑤ 공원 – 젖소와 닭을 몰고 가는 남자를 만난다.
⑥ 공원 – 나무 위에 양복이 걸려 있다.
⑦ 분수대 – 분수대의 조각상이 가위를 들고 있다.
⑧ 분수대 – 분수에서 커피가 뿜어져 나오고 있다.

당신은 방에서 여행을 출발하여, 거리의 벤치를 지나, 공원에 들어가 분수대에 이르는 여행을 하는 동안 4개의 장소에서 각각 2가지씩 할 일의 목록을 연결했다. 여기서 장소의 개수와 장소별 연결 목록의 개수는 중요하지 않다. 자신에게 친숙한 장소들이 자연스러운 흐름을 갖고 연결되는 것이 중요하다. 또한 할 일 목록을 연결시키는 이미

지들은 흔하지 않고, 강렬하며, 초현실적이고 이상한 것일수록 도움이 된다. 왜냐하면 이 활동의 목적은 기억될 만한 그림을 만드는 것이기 때문이다. 물론 처음엔 더 복잡해 보일 수도 있지만 몇 번의 연습으로 익숙해진다면, 기계적으로 외우는 것보다 훨씬 더 쉽게 기억할 수 있다.

(2) 각인시키기

각인시키기Pegging는 옷장 안의 '못Peg'에 코트나 모자를 걸어 두는 것처럼, 내가 정한 못에 서로 독립적인 정보를 걸어 두는 것이다. 이때 못들은 당신이 이미 잘 알고 있거나 새로운 정보와 연결이 가능한 것이어야 한다. 새로운 기억력 과제에 도전해보자. 다음은 어머니로부터 요청받은 쇼핑 리스트이다.

〈쇼핑 리스트〉
선풍기, 상처 연고, 바지락, 강아지 인형, 잡초 제거제,
소주, 삼겹살, 옷걸이, 요리책, 꽃다발

지금부터 시간은 1분! 10가지의 쇼핑 리스트를 외워 보자.

기억이 잘 나는가? 만약 그렇다면 당신은 타고난 사람이다. 적어도 기억력에 있어서는 하산하여도 좋다. 하지만 어렵게 느껴졌다면 '각인시키기' 방법을 한 번 활용해 보기 바란다. 여기서는 신체를 활용하는 방법(머리부터 발끝까지)을 소개하겠다.

① 선풍기 – 머리 – 가제트 형사처럼 머리에 선풍기가 달려 있는 모자를 쓰고 있다고 상상한다.
② 상처 연고 – 코 – 코에 긁힌 상처가 있어 피가 보인다고 상상한다.
③ 바지락 – 목 – 목에는 조개껍질 목걸이가 아름답게 걸려 있다고 상상한다.
④ 강아지 인형 – 어깨 – 어깨 위에 강아지 한 마리가 올라가 있다고 상상한다.
⑤ 잡초 제거제 – 가슴 – 가슴에는 무성한 잔디가 있다고 상상한다.

⑥ 소주 – 손 – 양손 무겁게 소주를 들고 있는 모습을 상상한다.

⑦ 삼겹살 – 배 – 배에는 삼겹살 3장이 나란히 붙어 있다고 상상한다.(상상이 아닐지도^^)

⑧ 옷걸이 – 벨트 – 벨트 고리마다 옷걸이가 걸려 있다고 상상한다.

⑨ 요리책 – 무릎 – 무릎 사이에 책을 여러 권 끼고 있다고 상상한다.

⑩ 꽃다발 – 발 – 당신은 지금 아름다운 꽃밭에 서 있다고 상상한다.

하나씩 상상을 마쳤으면, 자신의 머리부터 발끝까지 어떤 모습을 하고 있는지 전체적으로 상상해보라. 다소 우스꽝스러운 모습에 당황스러울지는 모르지만, 그럴수록 기억은 더 잘된다.

지금까지 기억력 향상 훈련의 2가지 방법, '여행 방식'과 '각인시키기'의 활용법을 살펴보았다. 물론 현실적으로는 종이에 메모를 하거나, 메모지 분실을 대비해 휴대폰 카메라로 찍어 두거나, 애초에 어머니에게 문자로 쇼핑 리스트를 받으면 굳이 이렇게 애쓰지 않아도 된다. 그러나 그런 생각이 들었다면 당신이야말로 정말 이러한 훈련이 필요하다. 그런 생각이 들었다는 것은 당신이 현재 기억력 향상 훈련 중이라는 사실을 잊고 있었다는 것을 방증하기 때문이다.

참고로 일상생활에서 기억력을 향상시키려면 생활 습관 개선도 중요하다. 그중 가장 우선적으로 잦은 과음을 피해야 한다. 과음 뒤에 '필름이 끊기는' 현상, 즉 술자리와 이후의 일을 기억하지 못하는 경험을 해 본 적이 있을 것이다. 뇌가 알코올에 취해 해마가 제대로 기능을 못해 발생하는 현상이다. 그 자체로 크게 걱정할 일은 아니라고 한다. 그러나 너무 자주 반복되면 기억력에 결코 도움이 안 된다고 하니 유의할 필요가 있다. 그 외에 충분한 숙면을 취하는 것, 새로운 것 배우기, 독서 등도 기억력 향상에 도움이 된다고 하니 활용해보기 바란다.

① 기억은 지능의 주요한 요소 중 하나로 누구나 기억력이 좋기를 기대한다. 그런데 나이가 들수록 기억력이 감소한다고 호소하는 사람이 많다. 하지만 이는 사실이 아니다. 우리가 학습하는 모든 것은 어떤 형태로든 두뇌에 정리되고 저장된다. 저장된 정보를 얼마나 잘 조작하는가에 따라 기억력이 좋은지 나쁜지가 가려진다. (나이를 탓하는 것은 '비겁한 변명'이다!)

② 기억은 학습하고 경험한 것을 하나의 장소에 넣어두었다가 필요할 때 꺼내는 창고와 같은 것이 아니라, 활동이고 경험이다. 그 과정에서 사건의 실체보다 자신에게 의미 있는 것을 우선하여 기억하는 뇌의 특성이 존재한다.

③ 무엇인가를 기억하는 것은 자신에게 중요하다고 생각하는 항목을 복원하는 일이다. 따라서 기억은 매우 선별적이고 해석적일 수밖에 없다.

④ 기억력 향상법 중 여행 방식The Journey Method은 자신에게 친숙한 장소들을 따라가면서 물건들을 기억해내는 연상 기

호 링크 시스템의 일종이다. 상상의 장소나 여행지의 한 장소에 사물을 하나씩 대입해 연상해내는 방식이다.

⑤ 기억력 향상법 중 각인시키기Pegging는 옷장 안의 '못Peg'에 코트나 모자를 걸어 두는 것처럼, 내가 정한 못에 서로 독립적인 정보를 걸어 두는 방식이다. 이때 못들은 자신이 이미 잘 알고 있거나 새로운 정보와 연결이 가능한 것이어야 한다.

PART 5

논리적 사고를
가져라

중국 초나라에 창과 방패를 파는 상인이 있었다. 그 상인은 물건을 팔기 위해 고객들에게 다음과 같이 외쳤다.

"여기 이 방패로 말할 것 같으면 너무나 단단해서 어떤 창으로도 뚫을 수가 없지요. 그리고 이 창을 한번 보십시오. 이 창은 어찌나 끝이 날카로운지 어떤 물건이든 모두 뚫을 수 있답니다."

사람들은 상인의 말을 듣고 그의 말이 진실이라고 믿을 수 있을까? 그렇지 않다. 상인은 지금 모순된 말을 하고 있기 때문이다. 만약 상인이 팔고 있는 방패와 창을 동시에 사용하면 어떻게 될까? 틀림없이 둘 중 하나는 거짓말이 될 것이다. 어떤 방패라도 모두 뚫을 수 있는 창과 어떤 창도 모두 막아낼 수 있는 방패는 동시에 존재할 수 없기 때문이다.

이처럼 앞뒤가 맞지 않는 말을 창 모矛, 방패 순盾을 사용해 '모순'이라고 한다. 모순이란 두 사실이 이치상 어긋나서 서로 맞지 않음을 뜻하는 말이다. 그 자체로 논리적이지 않다는 뜻이다. 이처럼 논리적이지 못한 주장으로는 상대의 공감과 설득을 이끌어내기 어렵다. 이제 논리력을 향상시킬 수 있는 방법에 대해서 알아보자.

1

모순부터 가려내자

[문제] 여기 갑, 을, 병 세 사람이 있다. 이 중에서 한 사람만 정직하고 나머지 두 사람은 거짓말을 하고 있다. 이들에게 똑같이 "누가 거짓말쟁이인가?" 하고 물었더니 다음과 같이 대답했다.

갑: 을은 거짓말쟁이다.

을: 갑이 거짓말쟁이다.

병: 을은 거짓말을 하지 않는다.

그렇다면 이들 가운데 누가 거짓말을 하고 있는 것일까? 당신의 생각은?

이 문제를 풀기 위해서는 어떻게 해야 할까? 논리적 사유 과정을 거치면 의외로 쉽게 답을 찾을 수 있다. 여기서는 갑이 거짓말쟁이인 경우와 정직한 사람인 경우를 각각 가정해보자.

첫째, 갑이 거짓말쟁이라고 가정하자. 이런 경우 갑은 "을이 거짓말쟁이"라고 했으므로 실제로 을은 정직한 사람이다. 따라서 을이 "갑은 거짓말쟁이"라고 말한 것은 참이다. 동시에 "을은 거짓말을 하지 않는다."라고 한 병의 말도 참이다. 결국 갑이 거짓말쟁이라면 갑은 거짓말을 하고 있고, 을과 병은 참말을 하고 있다. 따라서 두 사람이 거짓말을 하고 있는 것이 아니므로 이 가정은 틀렸다.

둘째, 갑이 정직한 사람이라고 가정하자. 그렇다면 "갑이 거짓말쟁이"라고 한 을의 말은 틀렸다. 해서 을은 거짓말쟁이다. 병은 "을은 거짓말을 하지 않는다."라고 했기 때문에 병 역시 거짓말쟁이다. 즉 갑은 정직하며 을과 병은 거짓을 말하고 있다. 따라서 이번 가정은 옳은 것으로 정답이다.

이처럼 특정한 사실로부터 논리적 사고 과정을 거치면 또 다른 사실을 유추할 수 있다. 이러한 사고 과정을 논리적 사고라고 말한다. 그리고 논리적 사고를 이끌어내는 두뇌의 능력을 '논리력論理力'이라 한다.

논리력이란 '합리적으로 생각하고 판단할 수 있는 힘'을 말하는데, 모든 사고와 판단의 기본이 되는 능력이다. 하나의 논리를 만들기 위해서는 여러 가지 사실을 놓고 무엇인가를 판단하는 것부터 시작한다. 논리력이 뛰어난 사람은 논리적 사유 과정을 통해 복잡하게 얽혀 있는 문제에서도 올바른 판단을 내리고 답을 찾아낸다. 따라서 논리력을 갖춘 사람은 다른 사람으로부터 동의나 설득을 얻는 데도 유리하다. 올바른 사유 과정을 통해 합리적인 판단이나 주장을 하기 때문이다.

논리적 사고 과정의 중요성을 강조하는 이론 중에 '에

피메니데스의 역설'이 있다. 내용은 다음과 같다.

크레타 출신의 철학자인 에피메니데스Epimenides는 다음과 같이 주장했다. "모든 크레타섬 사람들은 거짓말쟁이다." 그의 주장은 진실일까, 거짓일까? 혹시 그의 주장에서 이상한 점을 발견하지는 않았는가? 논리적으로 따져보면 그의 주장은 말이 되지 않는다. 왜 그럴까? 만약 그의 말이 진실이라고 가정해보자. 그럼 크레타섬 사람인 에피메니데스는 거짓말쟁이다. 따라서 그의 주장도 거짓이어야 하는데, 그는 지금 진실을 말하고 있기 때문에 틀렸다. 반대로 그의 말이 거짓이라고 가정해보자. 에피메니데스가 거짓말을 한 것이라면 크레타섬 사람들의 말은 거짓이 아니어야 한다. 즉 "모든 크레타섬 사람들은 거짓말쟁이"라고 말할 수 없다. 따라서 에피메니데스가 한 말은 진실이라고 말할 수도 없고, 거짓이라고 말할 수도 없다.

이와 같이 참이라고 말하거나 거짓이라고 말하는 것 모두 이치에 맞지 않아서 참이라고도 거짓이라고도 말할 수 없는 모순된 관계를 '패러독스Paradox' 또는 '역설'이라고 한다. 어떠한 주장이 모순된 역설인지를 파악하는 것도 논리력이 있어야 가능한 일이다. 하지만 논리력은 저절로 개발되는 능력이 아니다. 많은 연습과 훈련이 필요한 능력이다.

매트릭스 사고 기법

[문제] 다섯 명의 친구 A, B, C, D, E가 각각 복권을 샀다. 이 중에 한 명만 당첨됐다. 친구들의 말을 들어 보니 다음과 같았다.

> A: 당첨된 사람은 C다.
>
> B: 당첨된 사람은 A다.
>
> C: A는 내가 당첨되었다고 하지만 그것은 거짓말이다.
>
> D: 나는 당첨되지 않았다.
>
> E: 당첨된 사람은 B다.

이 중에서 사실을 말하는 사람은 1명뿐이다. 나머지 4명은 거짓

말을 하고 있다. 5명 중에서 복권에 당첨된 사람은 누구일까?

이 문제는 앞에서 배운 방법, 예컨대 A가 진실을 말한 경우와 거짓말을 한 경우로 나누어서 논리적 인과 관계를 고려하는 방식으로는 쉽게 풀기 어렵다. 왜냐하면 문제가 너무 복잡하고 시간이 많이 소요되기 때문이다. 그렇다면 이런 문제는 어떤 방식으로 접근해야 할까?

우선 다섯 명의 친구들 중에 서로 모순되는 말을 하고 있는 사람을 찾으면 효과적이다. 여기서 서로 모순되는 말을 하고 있는 사람은 A와 C다. 둘 중 한 사람은 거짓말을 하고 있다. 달리 말하면 두 사람 중에서 누군가는 진실을 말하고 있다는 뜻이다. 또한 B, D, E는 거짓말을 하고 있음을 유추할 수 있다. 그러므로 자신이 당첨되지 않았다는 D의 말은 거짓이고 당첨된 사람은 D다. 이처럼 의외로 쉽게 해결되는 문제라 할 수 있다. 물론 시간이 많다면 처음부터 한 사람씩 따져가며 생각해봐도 된다.

논리력을 발휘할 때는 처음부터 차근차근 선후 관계를 따져가면서 답을 찾는 것도 좋겠지만, 전체적인 상황에서 특이점이나 모순점을 찾은 후 그곳에서부터 논리적 사유 과정을 전개하는 것이 효율적이다. 이런 사유 훈련으로 알아 두면 좋은 기법 중에 '매트릭스 사고 기법'이라는 것이 있다. 매트릭스 사고 기법을 이해하기 위해 먼저 다음의 문제를 풀어보자.

[문제] 다음에 주어진 5가지 정보를 바탕으로 6명의 직책을 찾아보자.

A: 박영수 씨는 지사장과 결혼한 지 3년째이지만 아이가 없다. 그래서 휴일에는 미혼인 최종호 씨와 함께 등산을 자주 간다. 그밖에 다른 취미는 거의 없다.

B: 영업 담당은 아들의 진학 문제로 골치를 썩고 있다.

C: 관리 담당은 양친이 모두 돌아가시고 누나와 단둘인데, 누나가 구매 담당에게 시집을 갔기 때문에 현재는 혼자 살고 있다.

D: 지사장 부부는 최근 볼링에 재미를 붙여, 이상한 씨와 함께 가끔 볼링을 치러 간다.

E: 오미숙 양과 김영길 씨는 약혼한 사이인데, 오미숙 양과 같은 아파트에 살고 있는 인턴사원도 두 사람을 축하해 주고 있다.

사람	박영수	김영길	오미숙	이상한	최종호	김옥경 여사
직책	지사장	관리담당	구매담당	영업담당	신입사원	인턴사원

이 문제는 상당히 어려운 문제다. 하지만 매트릭스 사고 기법을 활용하면 쉽게 해결할 수 있다. 순서대로 따라가보자.

① 먼저 알고자 하는 정보를 매트릭스의 양쪽에 표기한다. 여기서는 6명의 사람과 6개의 직책을 연결하고자 하므로 7 x 7 매트릭스를 그린 후 가로 상단에는 사람 이름을, 세로 좌측에는 직책을 기재한다. 이때 사람 이름 하단에는 확인된 정보를 기재한다.

② 정보 A "박영수 씨는 지사장과 결혼한 지 3년째이지만 아이가 없다. 그래서 휴일에는 미혼인 최종호 씨와 함께 등산을 자주 간다. 그밖에 다른 취미는 거의 없다."를 통해 다음 사실을 알 수 있다.

  → 박영수: 기혼/아이 없음/취미는 등산뿐

     최종호: 미혼/취미는 등산

③ 정보 B "영업 담당은 아들의 진학 문제로 골치를 썩고 있다." 를 통해 다음 사실을 알 수 있다.

→ 영업 담당: 기혼/아들 있음

이러한 결과를 통해 박영수/최종호가 영업 담당이 아님(자녀, 결혼 상이)을 알 수 있다. (매트릭스에 ×표)

④ 정보 C "관리 담당은 양친이 모두 돌아가시고 누나와 단둘인데, 누나가 구매 담당에게 시집을 갔기 때문에 현재는 혼자 살고 있다."를 통해 다음 사실을 알 수 있다.

→ 관리 담당: 남성/미혼
　　구매 담당: 기혼/남성

이러한 결과를 통해 박영수/김옥경은 관리 담당이 아니며(결혼, 성별 상이), 최종호/김옥경은 구매 담당이 아님(결혼, 성별 상이)을 알 수 있다. (매트릭스에 ×표)

⑤ 정보 D "지사장 부부는 최근 볼링에 재미를 붙여, 이상한 씨와 함께 가끔 볼링을 치러 간다."를 통해 다음을 알 수 있다.

→ 지사장: 기혼/취미는 볼링/이상한 씨 아님

　　이상한: 취미는 볼링

이러한 결과를 통해, 박영수/최종호는 지사장이 아님 (취미, 결혼 상이)을 알 수 있다. (매트릭스에 ×표)

⑥ 정보 E "오미숙 양과 김영길 씨는 약혼한 사이인데, 오미숙 양과 같은 아파트에 살고 있는 인턴사원도 두 사람을 축하해 주고 있다."를 통해 다음을 알 수 있다.

　→ 오미숙 양: 여성/미혼(약혼)/인턴사원 아님

　　김영길: 남성/미혼(약혼)/인턴사원 아님

이러한 결과를 통해 다음의 정보를 알 수 있다.

⑦ 김영길/오미숙은 지사장이 아니다. (지사장은 기혼) 따라서 지사장은 김옥경 여사다. 그 결과 김옥경 여사는 영업 담당/신입 사원/인턴사원이 아니다. (매트릭스에 ×표)

⑧ 구매와 영업 담당은 기혼이므로 김영길/오미숙은 구매/영업

담당이 아니다. (매트릭스에 ×표)

⑨ 관리 담당은 남성이므로 오미숙은 관리 담당이 아니다. (매트릭스에 ×표) 따라서 오미숙은 신입 사원이며 박영수/김영길/이상한/최종호는 신입 사원이 아니다. (매트릭스에 ×표)

⑩ ⑨를 통해 김영길이 관리 담당임을 알 수 있으며 (매트릭스에 ○표) 이상한/최종호는 관리 담당이 아니다. (매트릭스에 ×표)

⑪ ⑩을 통해 최종호가 인턴사원이며 (매트릭스에 ○표) 박영수/이상한은 인턴사원이 아님을 (매트릭스에 ×표) 알 수 있다.

⑫ ⑪을 통해 구매 담당은 박영수임을 알 수 있으며 (매트릭스에 ○표) 그 결과 이상한은 구매 담당이 아니다. (매트릭스에 ×표)

⑬ ⑫를 통해 이상한은 영업 담당임을 알 수 있다. (매트릭스에 ○표)

사람 / 직책	박영수 기혼, 아이 없음, 취미: 등산뿐	김영길 남성, 미혼(약혼)	오미숙 여성, 미혼(약혼)	이상한	최종호 미혼 취미: 등산	김옥경여사 여성
지사장 기혼, 볼링	× ⑤에 의해	× ⑦에 의해	× ⑦에 의해	× ⑤에 의해	× ⑤에 의해	○ ⑦에 의해
관리 담당 남성, 미혼	× ④에 의해	○ ⑩에 의해	× ⑨에 의해	× ⑩에 의해	× ⑩에 의해	× ④에 의해
구매 담당 기혼, 남성	○ ⑫에 의해	× ⑧에 의해	× ⑧에 의해	× ⑫에 의해	× ④에 의해	× ④에 의해
영업 담당 기혼, 아들	× ③에 의해	× ⑧에 의해	× ⑧에 의해	○ ⑬에 의해	× ③에 의해	× ⑦에 의해
신입 사원	× ⑨에 의해	× ⑨에 의해	○ ⑨에 의해	× ⑨에 의해	× ⑨에 의해	× ⑦에 의해
인턴사원	× ⑪에 의해	× ⑥에 의해	× ⑥에 의해	× ⑪에 의해	○ ⑪에 의해	× ⑦에 의해

따라서 6명의 직책을 묻는 문제의 답은 다음과 같다. 박영수(구매 담당), 김영길(관리 담당), 오미숙(신입 사원), 이상한(영업 담당), 최종호(인턴사원), 김옥경 여사(지사장)이다.

이처럼 매트릭스 사고 기법은 찾고자 하는 정보를 매트릭스로 분류하여 상호 관계를 하나하나 따지면서 연계성을 고려하는 기법으로 수많은 정보의 인과 관계를 알고자 할 때 유용하게 활용할 수 있는 도구다.

앞에서도 언급한 것처럼, 논리적인 사고를 위해 필요한 논리력은 저절로 향상되는 것이 아니다. 수많은 연습과 훈련을 통해서만 개발되는 사고 능력이다. 따라서 평소에 어려운 문제에 봉착하더라도 각 요소 간의 논리적인과 관계를 파악하려는 노력을 기울일 필요가 있으며, 경우에 따라서는 매트릭스 사고 기법을 활용하는 것이 좋은 방법이 될 수 있다.

〈이것만은 기억하자!〉

① 논리력이란 '합리적으로 생각하고 판단할 수 있는 힘'을 말하는데, 모든 사고와 판단의 기본이 되는 능력이다. 복잡하게 얽혀 있는 문제에 대해서도 논리적인 사유 과정을 통해 올바른 판단을 내리고 답을 찾을 줄 아는 사람이 논리력이 뛰어난 사람이며, 논리력을 갖춘 사람은 다른 사람으로부터 동의나 설득을 얻는 데 유리하다.

② 논리력을 발휘할 때는 처음부터 차근차근 선후 관계를 따져가면서 답을 찾는 것도 좋겠지만, 전체적인 상황에서 특이점이나 모순점을 찾은 후 그곳에서부터 논리적 사유 과정을 전개하는 것이 효율적이다.

③ '매트릭스 사고 기법'은 찾고자 하는 정보를 매트릭스로 분류하여 상호 관계를 하나하나 따지면서 연계성을 고려하는 기법으로 수많은 정보의 인과 관계를 알고자 할 때 유용하게 활용할 수 있는 도구다.

④ 논리적인 사고를 위해 필요한 논리력은 저절로 향상되는 것이 아니라 수많은 연습과 훈련을 통해서만 개발되는 사고 능력이다. 평소 어려운 문제에 봉착하더라도 각 요소 간의 논리적 인과 관계를 파악하려는 노력을 기울일 필요가 있다.

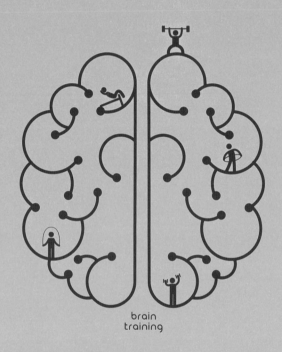

brain
training

PART 6

분류를 활용한
논리력 기법

[문제] 당신은 한국백화점 고객만족센터에 근무하고 있다. 당신의 업무 중 하나는 매월 발생한 고객 클레임을 조사하여 사장에게 보고하는 일이다. 이달에 수집된 고객 클레임은 총 10건으로 세부 내용은 다음과 같다.

① 환불을 하는데, 직원이 불친절하게 대해서 기분이 나빴어요.

② 식료품 계산에 시간이 너무 오래 걸려요. 계산 창구를 늘렸으면 좋겠어요.

③ 1층 안내데스크 직원이 근무 시간에 잡담만 하고 있어요.

④ 여성복은 상품 구색이 다양하지 못해서 살 게 없어요.

⑤ 아르바이트 직원들의 업무 처리가 미숙하고 시간이 너무 오래 걸려요.

⑥ 건물에 비해서 주차장이 너무 협소해서 주차하기가 너무 불편해요.

⑦ 청과물이 가격에 비해 신선하지 않은 것 같아요.

⑧ 휴게 공간이 없어서 불편해요.

⑨ 품질에 비해 전반적인 가격이 너무 비싸요.

⑩ 가전제품 판매 직원들이 제품에 대해 잘 몰라서 도움을 받을 수가 없었어요.

당신은 사장에게 고객 클레임 내용을 어떻게 보고하겠는가?

여기에는 정답이 없다. 하지만 최선안은 존재한다. 가령 이렇게 해 보면 어떨까?

고객 클레임 총 10건을 세부적으로 구분하는 방법이다.

- 총 10건 중 인적 요인에 의한 클레임이 4건, 물적 요인에 의한 클레임이 6건 발생했습니다.

- 인적 요인 4건 중에는 직원의 근무 태도와 관련된 클레임 2건, 전문성 관련 2건이 있습니다.

- 물적 요인 6건 중에는 상품 요인 3건, 시설 관련 요인 3건이 있었습니다.

전체 클레임 (10건)	인적 요인(4건)	근무 태도 불량 ①, ③
		직무 전문성 미흡 ⑤, ⑩
	물적 요인(6건)	상품 요인 ④, ⑦, ⑨
		시설 요인 ②, ⑥, ⑧

이처럼 많은 정보를 논리성과 인과 관계를 따져서 분류하고 정리하면 상황을 보다 쉽게 이해할 수 있다. 여기서 사용된 기법이 바로 '로직트리Logic Tree'다.

로직트리는 정보를 분류하는 용도로만 사용되는 것은 아니다. 예를 들어보자. 일상에서 우리는 수많은 질문에 직면한다. "왜 자녀의 성적이 떨어졌을까?", "우리 팀의 매출이 감소한 이유는 무엇일까?", "신제품에 대한 고객의 클레임이 증가한 이유는 무엇일까?", "왜 다이어트에 계속 실패하는가?" 등 매우 다양하다. 이러한 질문들은 주로 우리가 해결해야 하거나, 해결하고 싶은 문제이다. 질문이 거창하건 그렇지 않건, 우리는 답을 찾기 위해 노력하게 되는데, 그 과정에서 중요한 것이 바로 논리력이다. 즉 문제와 관련 있는 여러 요소들 간 인과 관계를 명확히 잘 밝혀내야만 제대로 된 원인도 찾고, 그에 따른 해결안도 찾아낼 수 있기 때문이다.

일반적으로 이러한 문제에 직면했을 때 사람들이 가장 많이 활용하는 방식은 '직관'이다. 원인과 해결안이 무엇인지 정확한 근거를 제시하기보다는 자신의 기존 지식과 경험에서 비롯된 '감'에 의존하는 경우가 많다. 물론 감이 너무 뛰어나서 문제 해결을 잘하는 사람도 있다. 하지만 그 사람만 보고 무작정 따라가다가는 문제 해결은 고사하고, 공연히 시간과 자원만 낭비하는 낭패를 볼 수 있으니 주의해야 한다. 따라서 제대로 된 방법을 활용하는 것이 훨씬 안전하고 효과적이라 할 수 있으며, 그 방법이 바로 로직트리 기법이다. 로직트리를 잘 다룰 수 있다면, 상당히 논리적인 사고를 가진 사람이 될 수 있다. 이제 로직트리에 대해 자세히 살펴보도록 하자.

1

로직트리

로직트리란 문제의 원인이나 해결책을 구체화할 때 제한된 시간 속에서 넓이와 깊이를 추구하는 데 도움이 되는 기술이다. 주요 과제를 MECE의 사고방식에 기초해서 논리적 관계를 나무 모양으로 분해, 정리하는 기술이라고 할 수 있다.

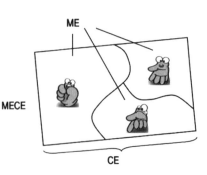

로직트리를 이해하는 데 가장 중요한 개념인 MECE 개념부터 정리하자. MECE란 Mutually Exclusive Collectively Exhaustive의 약자로, "어떤 사항을 중복 없이 그리고 누락 없는 부분의 집합체로서 파악하는 것"을 의미한다. 전체 집합을 누락도 중복도 없는 부분 집합으로 나누어 생각한다는 집합 개념을 떠올리면 이해하기 쉽다. 여기서 잠깐! MECE의 개념을 잘 이해했는지 확인하고 가도록 하자.

[문제] 다음 분류 중 MECE의 개념으로 분류가 잘 된 것은 무엇인가?

---

① 전체(생물): 포유류/어류/조류

② 전체(여성): 미혼 여성/직장 여성/기혼 여성

③ 전체(학생): 국어 우수/수학 우수/영어 우수

④ 전체(마케팅 환경 분석): 고객(시장)/경쟁사/자사

---

①의 경우 중복은 없지만 누락이 발생했으며 ②는 누락은 없지만 중복이 발생, ③은 중복과 누락이 발생했다.

④의 경우는 중복도 누락도 없는 상태로 흔히 3C분석이라 부른다. MECE 개념을 이해했다면 이제 본격적으로 로직트리의 모습을 살펴보자.

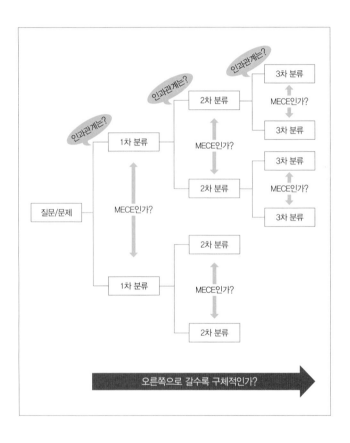

그림을 보면 어떤 질문/문제에 대하여 2가지 요소로 1차 분류하였다. 1차 분류한 요소는 다시 2가지 요소로 2차 분류하였다. 그리고 2차 분류한 요소에 대해 다시 2가지 요소로 3차 분류하였다. (요소들의 개수는 최소 2가지 이상이어야 하는데 여기서는 편의상 2가지 형태만 제시) 여기서 몇 차까지 분류하느냐는 정해져 있지 않다. 단지 이것만 기억하면 된다.

① 분류 차수가 늘어날수록(오른쪽으로 이동) 내용이 그 전 분류보다 구체적이어야 한다.
② 차수에 따라 분류된 요소들은 전 차수에 분류된 요소와 '인과 관계'가 있어야 한다.
③ 각 차수에 따라 분류된 요소들 간의 관계는 'MECE'이어야 한다.

이 3가지 내용을 질문으로 변환하여 스스로에게 질문하면서 로직트리를 만들거나, 로직트리를 만든 후 마찬가지의 질문을 통해 로직트리를 제대로 만들었는지 점검해볼 수도 있다. 만약 3가지 질문 중에 하나라도 "아니요"가 나온다면, 로직트리는 제 기능을 할 수 없기에, 모두 "예"라고 답할 수 있을 때까지 질문과 수정을 반복하면서 완성해 나가야 한다.

2
로직트리의 활용

이제 로직트리를 직접 작성하는 연습을 해 보자. 당신은 아웃도어 의류를 판매하는 제조업의 사장이다. 최근 몇 년간 매출은 증가하고 있으나, 이익은 오히려 감소하고 있어 고민이다. 이러한 상황을 개선하고자 이익 감소의 원인과 그에 대한 해결책을 찾기 위한 로직트리를 작성해보자. 여기서는 3차 분류까지만 진행하기로 한다.

(1) 1차 분류

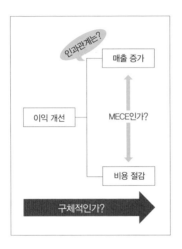

1차 분류에서는 '이익'을 개선하기 위해 관련 요소를 '매출 증가'와 '비용 절감' 2가지로 분류하였다. 이제 질문을 던져 확인해보자.

① 구체적인가?

    – 이익 개선이라는 과제보다 '매출 증가'와 '비용 절감'의 요소가 구체적인가? (○)

② 인과 관계에 있는가?

　– 매출이 증가하면 이익이 증가하는가? (○)

　– 비용이 감소하면 이익이 증가하는가? (○)

③ MECE인가?

　– '매출 증가'와 '비용 절감' 요소는 서로 중복이 되는가? (×)

　– 이익과 관련하여 '매출 증가'와 '비용 절감' 외에 누락된 요소가 있는가? (×)

결과적으로 이익 개선이라는 과제의 로직트리 1차 분류에서 2가지 요소(매출 증가, 비용 절감)가 인과 관계이며 MECE 구조이고 구체성까지 갖추었다면 일단 여기까지는 성공적이다.

(2) 2차 분류

이제 1차 분류한 '매출 증가'와 '비용 절감'이라는 요소에 영향을 미치는 하위 요소를 찾아, 각각 1차 분류와 동일한 방법으로 2차 분류를 실시하면 다음 그림과 같이 로직트리를 만들 수 있다.

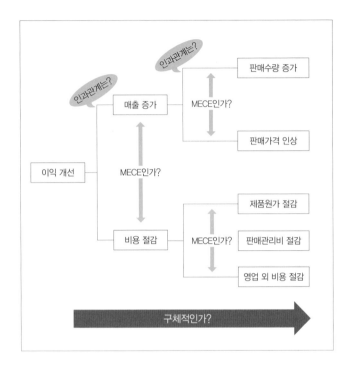

(3) 3차 분류

마지막 3차 분류 또한 2차 분류한 각각의 요소에 영향을 미치는 하위 요소를 찾고, 지금까지와 동일한 방법으로 분류하여 확인하는 과정을 거치면 다음 그림과 같은 로직트리를 만들 수 있다.

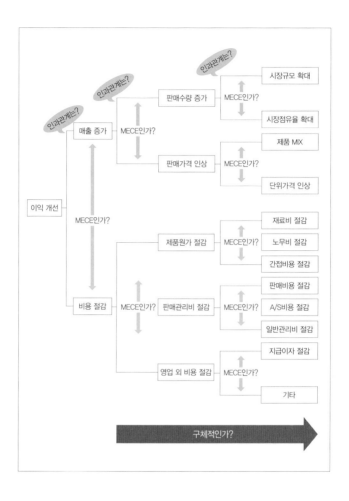

우리의 과제는 회사의 이익을 개선하는 것이었다. 막
연하게 원인과 해결책에 대한 아이디어를 떠올리는 것은

효과적이지도 효율적이지도 않다. 논리적 사고를 바탕으로 한 로직트리를 활용하면 구체적이고도 실질적인 해결책을 찾는 데 도움이 된다. 로직트리를 잘 활용하기 위해서는 어떻게 해야 할까? 연습이 필요하다.

[문제] 다음에 제시되는 상황에 대해 로직트리를 만들어보자. 당신은 주택을 구입하려고 한다. 마음에 드는 집이 몇 곳이 있는데, 각각의 장단점이 뚜렷하다. 역세권에 있는 주택은 건물이 마음에 들지 않고, 건물이 마음에 드는 곳은 교통이 좋지 않다. 해서 제로베이스에서 검토해보기로 했다. 주택을 구입하려 할 때 무엇을 고려해야 할까? 주택 구입 시 고려해야 할 사항을 로직트리로 작성해보자.

로직트리를 작성하는 데 있어 유일한 정답이란 존재하지 않는다. 문제에 대한 로직트리를 하나 예시로 소개한다. 중요한 것은 끊임없는 연습이라는 사실을 잊지 말자.

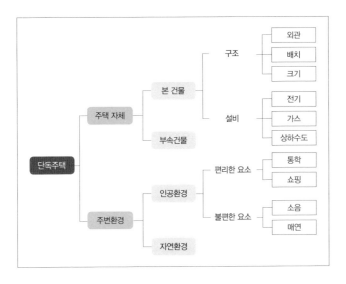

① 일반적으로 문제에 직면했을 때 사람들이 가장 많이 활용하는 방식은 '직관'이다. 하지만 직관에만 의존해서는 문제해결은 고사하고, 공연히 시간과 자원만 낭비하는 낭패를 볼 수도 있다.

② 로직트리란 문제의 원인이나 해결책을 구체화할 때 제한된 시간 속에서 넓이와 깊이를 추구하는 데 도움이 되는 기술이다. 주요 과제를 MECE 사고방식에 기초해 논리적 관계를 나무 모양으로 분해, 정리하는 방법이다.

③ MECE란 Mutually Exclusive Collectively Exhaustive의 약자로, "어떤 사항을 중복 없이 그리고 누락 없는 부분의 집합체로서 파악하는 것"을 의미한다. 전체 집합을 누락도 중복도 없는 부분 집합으로 나누어 생각한다고 보면 이해하기 쉽다.

④ 어떤 과제를 해결할 때 막연하게 원인과 해결책에 대한 아이디어를 떠올리는 것은 효과적이지도 효율적이지도 않다. 논리적 사고를 바탕으로 한 로직트리를 활용하여 핵심원인을 찾아내면, 구체적이고 실질적인 해결책을 찾는 데도움이 된다.

PART 7

가설을 활용한
논리력 기법

[문제] 다음 두 가지 질문에 답을 해 보자.

- 서울에서 활동하고 있는 피아노 조율사는 몇 명이나 될까?
- 우리나라에서 1년 동안 팔리는 치킨은 모두 몇 마리나 될까?

이런 질문을 받았을 때 쉽게 대답하는 사람이 있을까? 답변은 커녕 당황하는 사람이 많을 것이다. 추정조차 불가능하다고 생각하는 사람도 있을 것이다. 하지만 찬찬히 생각해보면, 도저히 풀지 못할 문제는 아니다. 질문의 주제와 관련된 주변 정보를 몇 가지 구할 수 있다면, 정답은 아니더라도 근사치에 접근할 수 있다. 이런 문제에 적합한 기법으로 '페르미 추정Fermi Estimate'이라는 것이 있는데, 한번 알아보자.

페르미 추정

월드컵 경기가 열렸다. 서울 광화문 광장에 수많은 인파가 모여서 단체 응원을 하고 있다. 광장은 이미 인산인해를 이루고 있으며 응원단의 붉은 악마 티셔츠로 인해 붉게 물들었다. 이 광경을 취재하기 위해 방송사 기자들이 분주하게 움직였다. 뉴스에서 앵커는 그날 상황을 이렇게 소개했다.

"어제저녁, 100만 명의 인파가 광화문 광장에 모여서 월드컵 경기를 응원했습니다."

100만 명이라고? 방송사에서는 그날 광화문 광장에

모인 사람의 숫자가 '100만 명'이라는 사실을 어떻게 알았을까? 방송사 직원이 그곳에 모인 사람을 일일이 세어본 것일까? 그렇지는 않을 것이다. 광장에 모인 수많은 인파를 일일이 세어보는 일은 거의 불가능에 가깝다. 하지만 수학적인 추산을 통해 대략적인 숫자를 얻는 것은 어렵지 않다. 사람들이 모여 있는 곳의 '전체 면적'과 '단위 면적당 사람 수'를 확인할 수 있다면 대략적인 근사치는 얻을 수 있다.

가령 항공 촬영을 통해 붉은색 인파가 모여 있는 곳의 전체 면적을 조사했더니 200,000㎡였고, 1㎡ 안에 있는 사람이 5명이라고 가정하면 그날 광화문 광장에 모인 사람은 다음과 같이 계산할 수 있다.

전체 면적 × 단위 면적당 사람 수 = 전체 인원
200,000㎡ × 5명/㎡ = 1,000,000명

물론 그날 광화문 광장에 모인 사람이 몇 명인지 정확히 알 방법은 없다. 하지만 이러한 논리적 과정을 통해 근사치에 접근할 수는 있다. 이처럼 얼핏 계산이 불가능한 것처럼 보이는 문제에 대해 기본적 지식과 논리적 추론을 통해 근사치를 추정하는 방법을 '페르미 추정'이라고 부른다.

페르미 추정Fermi Estimate 또는 페르미 문제Fermi Problem라 부르는 이 방법은 이탈리아 물리학자 엔리코 페르미Enrico Fermi의 이름을 딴 것이다. 페르미는 1945년 핵무기의 위력을 확인하기 위한 실험에 돌입했다. 실험을 위해서는 핵폭발이 일어나는 장소에서 관찰을 해야 하는데, 이는 위험천만한 일이다. 하여, 그는 폭발 지점으로부터 10마일 정도 떨어진 곳에 베이스캠프를 설치하고, 그곳에서 관찰과 실험을 통해 핵무기의 폭발 위력을 추정했다. 그는 자신의 추정 과정을 다음과 같이 말했다.

"폭발 후 약 40초가 지나자, 폭풍이 내게 닿았다. 나는 충격파가 지나가기 이전과 도중과 나중에 각각 작은 종이 조각들을 약 6피트 높이에서 떨어뜨려 그 폭발력을 추정해봤다. 그때 마침 바람이 불지 않았기에, 나는 폭풍이 지나가는 도중에 떨어진 종이 조각들의 변위를 명확하고 사실적으로 측정할 수 있었다. 변위는 약 2.5미터 정도였고, 그때 나는 이 정도의 폭풍이면 TNT 1만 톤의 폭발 위력에 해당한다고 추산했다."

그는 직접 관찰이 불가능한 상황에서 간접적인 정보와 논리적 추론을 통해서 핵무기의 위력을 계산했다. 이처럼 페르미 추정은 직접 관찰하기 어렵거나 불가능한 경우에도 몇 가지 논리적 추론 과정을 거쳐 근사치의 정보를 얻을 수 있기 때문에 현실에서 자주 활용되고 있다.

2
페르미 추정의 활용

페르미 추정은 언제 사용하는 것일까? 주로 다음의 경우에 사용한다.

　첫째, 원하는 정보에 접근이 어렵거나 불가능할 때

　둘째, 직접 관찰이 불가능하거나 검색으로도 원하는 정보를 찾을 수 없을 때

　셋째, 정확하지는 않지만 근사치의 정보라도 필요할 때

페르미 추정을 사용하면 기존에 존재하거나 확인 가능

한 정보로부터 새로운 정보를 만들어내는 연습을 하게 되므로 논리적 사고력을 향상시키는 효과가 있다. 그럼 이제 페르미 추정을 실전에서 연습해보자.

[문제] 80킬로그램의 쌀 한 가마니가 있다. 쌀알의 개수는 몇 개일까? 당신이라면 어떤 방법으로 이 문제를 풀겠는가?

이 문제를 풀기 위해 쌀 한 가마니에 있는 쌀알을 한 톨 한 톨 세는 사람은 없을 것이다. 가장 쉬운 방법은 다음과 같다.

① 1홉짜리 용기에 쌀을 담고, 거기에 담긴 쌀알 개수를 센다. 이때 1홉에 들어 있는 쌀알 개수가 A개라고 하자.
② 1가마니는 10말, 1말은 10되, 1되는 10홉이므로 쌀 한 가마니는 1,000홉이 된다.

③ 1홉의 쌀알 개수가 A개이므로, 한 가마니에 들어 있는 쌀알 개수는 '1,000×A개'이다.

매우 쉬운 문제다. 아마도 대부분 예상하였을 것이다. 이 문제를 푸는 데 필요한 것은 '1홉에 들어 있는 쌀알의 개수'와 '1가마니=1,000홉'이라는 두 가지 정보면 충분하다. 최종 해답에 필요한 정보가 적을수록 쉬운 문제다. 이처럼 약간의 조작과 논리적 추론만으로 쌀 한 가마니에 들어 있는 쌀알 개수를 일일이 세는 수고를 덜었다. 이제 좀 더 어려운 문제에 도전해보자. 도입부에서 언급했던 문제이다.

[문제] 서울에서 활동하고 있는 피아노 조율사는 몇 명이나 될까? 앞의 문제보다 훨씬 난이도가 높다. 당신이라면 어떤 방법, 어떠한 과정으로 이 문제를 풀겠는가? 먼저 자신의 생각을 정리해보자.

이 문제를 풀기 위해서는 필요한 정보가 조금 많다. 대략 다음과 같은 정보가 필요하다.

서울시의 인구수, 가구당 인원수, 피아노 보유율, 피아노 조율 주기, 피아노 조율에 소요되는 시간, 피아노 조율사의 일일 근무 시간 등이다. 이를 통해 다음과 같은 가설을 수립할 수 있다.

① 서울시의 인구는 약 1,000만 명이다.

② 가구당 평균 구성원이 4명이라면, 서울시의 가구 수는 약 250만 가구다.

③ 피아노 보유율이 20%라고 가정하면 50만 가구가 피아노를 가지고 있다.

④ 피아노 조율을 1년에 한 번 한다고 가정하면, 1년에 50만 대의 피아노 조율 수요가 있다.

⑤ 피아노 조율사가 1대의 피아노를 조율하는 데, 약 2시간 소요된다.

⑥ 피아노 조율사가 하루 8시간(4대), 주 5일, 연 50주 근무한다고 가정하면 조율사 1명이 1년에 조율하는 피아노 대수는 1,000대다.

수요와 공급이 대략 일치한다는 점을 가정하면, 서울시에서 활동 중인 피아노 조율사는 500명(50만 대/1,000대)이라는 결과를 도출할 수 있다. 물론 정확한 숫자는 아니다. 하지만 페르미 추정에서 얻고자 하는 것은 정확한 수치가 아니다. 페르미 추정은 정확한 값을 구하는 것보다 스스로 가설을 세우고 문제를 해결해 나가는 과정을 중시한다. 결과보다는 어떠한 논리적 과정을 통해 결과를 산출했는지가 더 중요하다. (참고로 서울에서 활동 중인 피아노 조율사는 대략 1,000명에 조금 못 미친다고 한다.)

우리가 현실에서 만나는 문제들은 대부분 교실이나 실험실과 같이 정확한 숫자가 필요한 경우는 드물다. 급변하는 환경과 불확실한 미래에 효과적으로 대처하기 위해 논리적이면서도 유연하고 창의적인 사고가 필요한 경우가 더 많다.

페르미 추정을 잘하기 위해서는 평소 어떻게 해야 할까? 일상에서 접하는 현상에 대해서 호기심을 가지고 질문하는 자세가 필요하다. 또 그 질문에 대해 해답을 구하려는 노력이 필요하다.

[문제] 다음과 같은 질문을 던지고 답을 예측해보자.

① 서울 시내에서 운영되고 있는 택시는 모두 몇 대일까?

② 우리나라 사람이 일 년에 먹는 햄버거는 모두 몇 개나 될까?

③ 우리나라 사람이 1년에 마시는 소주는 모두 몇 병일까?

④ 일 년에 사람들이 먹는 계란은 몇 개나 될까?

⑤ 직장인은 하루에 평균 몇 보나 걸을까?

① 페르미 추정Fermi Estimate 또는 페르미 문제Fermi Problem는 얼핏 계산이 불가능한 것처럼 보이는 문제에 사용하는데, 기본적 지식과 논리적 추론을 통해 근사치를 추정하는 방법이다.

② 페르미 추정은 다음의 경우에 사용하면 효과적이다.
  – 원하는 정보에 접근이 어렵거나 불가능할 때
  – 직접 관찰이 불가능하거나 검색으로도 원하는 정보를 찾을 수 없을 때
  – 정확하지는 않지만 근사치의 정보라도 필요할 때

③ 페르미 추정을 사용하면 기존에 존재하거나 확인 가능한 정보로부터 새로운 정보를 만들어내는 연습을 하게 되므로 논리적 사고력을 향상시키는 효과가 있다.

④ 페르미 추정을 잘하기 위해서는 일상에서 접하는 현상에 대해서 호기심을 가지고 질문하는 자세와 그 질문에 대해 해답을 구하려는 노력이 필요하다.

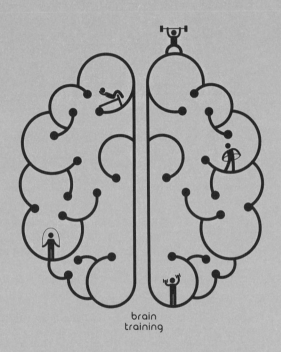

brain
training

PART 8

질문을 활용한
논리력 기법

유대인들의 자녀 교육법 중 관심을 받고 있는 내용 중 하나가 바로 '질문과 토론'을 통한 학습이라고 한다. 자녀들이 부모에게 궁금한 사항을 물어보면 바로 답변을 해주는 것이 아니라, 스스로 생각하게 한다는 것이다.

"네 생각은 어떠한가?"

"왜 그렇게 생각하는가?"

"그 생각은 옳은 생각인가?"

"더 좋은 방향은 없는가?"

"다른 대안은 무엇인가?"

"다른 관점으로 볼 수는 없는가?"

"다르게 생각할 수는 없는가?"

이러한 질문을 통해 다양한 관점의 사고를 유도하고, 스스로 답을 찾으려 노력하는 과정에서 학습이 이루어지도록 한다.

특히 이 중에서 왜Why라는 질문이 중요한데, 그 질문에 대해 근거나 이유를 설명하는 과정에서 논리적으로 사고하는 훈련이 자연스럽게 이루어지기 때문이다. 어린아이뿐만 아니라 어른들에게도 "왜?"라는 질문은 매우 중요하다. 이 질문을 통해 문제 해결에 있어 피상적인 원인이 아닌 근본적인 원인을 찾을 수도 있고, 그래야 근본적인 해결도 가능하기 때문이다. 지금부터 "왜?"라는 질문을 반복적으로 진행하면서 논리적 사고의 깊이를 더하는 데 도움이 되는 '5Why' 기법에 대해서 알아보자.

5Why 기법

성호 이익星湖 李瀷은 공부하는 사람은 반드시 자만심을 경계해야 한다고 했다. 자만심을 경계하고 항상 질문하며 공부하라고 강조하였다. 질문하는 행위는 스스로 생각하고 묻는 과정이기 때문에 게으른 사람들은 절대로 할 수 없으며, 질문하기를 좋아하면 날마다 새로운 공부를 할 수 있다고 말했다. 그런데 질문은 비단 공부를 하는 사람에게만 중요한 것이 아니다. 일상이나 비즈니스 현장에서 다양한 문제를 해결하는 과정에서도 질문을 통해 올바른 해결책을 찾을 수 있기 때문이다.

일본의 세계적인 자동차 회사 도요타의 경우 질문을 통해 업무상 발생하는 다양한 문제를 해결하는데, 대표적인 것이 바로 5Why 기법이다. 5Why 기법이란 무슨 일이든 5번은 '왜?'라고 물어야 한다는 것이다. 도요타가 5Why 기법을 활용하여 생산 과정에서 발생한 문제를 해결했던 유명한 사례를 하나 소개하겠다.

도요타 자동차의 생산 라인이 멈추었을 때 적용한 5Why 기법

1Why: 왜 생산 라인이 멈추었는가?

　　　– 전력 과부하로 전원 퓨즈가 끊어졌다. (퓨즈의 교체)

2Why: 왜 전력 과부하가 일어났는가?

　　　– 기계 작동을 담당하는 축의 베어링이 뻑뻑해졌다. (베어링의 교체)

3Why: 왜 베어링이 뻑뻑해졌는가?

　　　– 윤활유 펌프가 불완전하게 작동했다. (윤활유 펌프의 교체)

4Why: 왜 윤활유 펌프가 불완전하게 작동했는가?

　　　– 윤활유 펌프에 먼지가 쌓여 있었다. (윤활유 펌프의 먼지 제거)

5Why: 왜 윤활유 펌프에 먼지가 쌓여 있었는가?

　　　– 펌프 내에 먼지 필터가 없었다. (펌프 내에 먼지 필터 설치)

만약 한 번 내지 두 번 정도의 질문을 통한 원인 분석에만 그쳤다면 해결책은 퓨즈를 교체하거나, 베어링을 교체하는 조치가 되었을 것이다. 그랬다면 일시적인 문제 해결에 그쳤을 것이며 언젠가 동일한 문제가 또 발생했을 것이다. 이처럼 5Why 기법은 근본적인 원인을 찾아 근본적인 해결이 가능하도록 하는 중요한 논리적 사고 기법이다.

5Why 기법의 활용

이제 5Why 기법을 활용해보자. 먼저 5Why 기법의 대표적인 사례 중 하나로 꼽히는 미국의 토마스 제퍼슨 기념관 사례를 통해 연습해보자.

미국의 토마스 제퍼슨 기념관의 대리석 벽이 심하게 부식되는 문제가 발생했다. 기념관 측은 대리석을 보수하는 데 막대한 예산이 들어간다는 사실을 파악하고 고민에 빠졌다. 그래서 컨설팅 전문가가 5Why 기법을 적용해 문제 해결을 시도한다.

1Why: 왜 대리석이 심하게 부식되었는가?

    – 자주 세제로 세척하기 때문이다.

2Why: 왜 자주 세제로 세척하는가?

    – 기념관에 비둘기가 많아 비둘기의 배설물이 많기 때문이다.

이쯤에서 비둘기를 다 잡겠다는 해결책을 내는 사람은 없길 바란다. 불가능하기도 하고 동물보호법에도 위반되기 때문이다. 다음으로 넘어가보자.

3Why: 왜 기념관에 비둘기가 많은가?

    – 비둘기의 먹이인 거미가 많기 때문이다.

4Why: 왜 기념관에 거미가 많은가?

    – 거미의 먹이인 나방이 많기 때문이다.

5Why: 왜 기념관에 나방이 많은가?

    – 저녁에 기념관의 전등이 주변보다 일찍 켜지기 때문이다.

결국 토마스 제퍼슨 기념관의 대리석 부식 문제는 '전등을 기존보다 늦게 켜는 것'으로 해결할 수 있었다. 만약 5Why 기법이 없었다면 어땠을까? 엄청난 시간과 비용을 들여야 했을 것이며, 게다가 일정 시간이 지나면 같은 문제가 또 발생했을 것이다. 이처럼 5Why 기법을 잘 활용한다면 많은 문제들을 해결할 수 있다. 다만 5Why 기법을 활용할 때 유의 사항이 있다.

첫째, Why에 대한 질문을 할 때 내가 통제 가능한 것을 질문해야 한다.

무조건 'Why?'만 반복한다고 해서 되는 것은 아니다. 가령 다 큰 성인이 "나는 왜 키가 작은가?"라고 질문하는 것은 의미가 없다.

둘째, 근거가 있고, 검증 가능한 사실로 답해야 한다.

예를 들어 직원들의 회사에 대한 자부심이 낮은 이유가 "젊은 사람들의 마인드가 그렇다."보다는 "동종업계 대비 10% 낮은 임금 때문"이라고 답하는 것이 사실에 가깝다.

셋째, 현실적으로 더 이상 'Why?'라는 질문이 불가능할 때까지 질문한다.

5Why 기법이라고 해서 5번에 제한되기보다 끝까지 질문을 이어가 볼 필요가 있다.

앞선 사례에서는 생략했지만, 기념관의 전등이 주변보다 일찍 켜지는 이유는 불을 켜는 직원들이 일찍 퇴근하기 때문이었다. 그래서 실제로는 불을 켜는 직원들의 퇴근 시간을 조정하는 것이 해결책이었다.

한 가지 문제를 더 살펴보자. 생활 도자기를 제조하는 A사는 최근 제품 판매 과정에서 불량품이 많이 발견된다는 클레임이 늘어나 걱정이다. 제조 과정에서 일정량의 불량품이 발생하는 것은 어쩔 수 없지만, 판매하는 매장에서 불량품이 나타나는 것은 심각한 문제다. 이 문제를 해결하기 위해 5Why 기법으로 한번 살펴보자.

1Why: 왜 매장에서 불량품 발생이 늘어났는가?
    – 검수 과정에서 불량품 선별이 제대로 이루어지지 않았기 때문이다.

2Why: 왜 검수 과정에서 불량품 선별이 제대로 이루어지지 않는가?
    – 작업자들은 불량품이 눈에 잘 보이지 않는다고 한다.

3Why: 왜 불량품이 잘 보이지 않는가?
    – 조명이 어둡기 때문이다.

4Why: 왜 조명이 어두운가?

– 전구가 오래되었기 때문이다.

5Why: 왜 오래된 전구를 방치하는가?

– 규정상 수명이 다해야 전구를 교체하기 때문이다.

여기까지 5Why를 수행했다면, 그다음은 구체적인 해결이 자연스럽게 나올 것이다. 바로 '검수 장소의 밝기를 일정 수준 이상으로 항시 유지할 수 있는 모니터링 시스템을 도입한다' 혹은 '조명 시스템을 좀 더 밝은 LED 조명으로 전면 교체한다' 등의 해결안이 제시될 수 있다.

아인슈타인은 다음과 같이 말한 바 있다.

"만약 곧 죽을 상황에 처해 있고, 목숨을 구할 방법을 단 한 시간 안에 찾아야만 한다면, 나는 1시간 중 55분은 올바른 질문을 찾는 데 사용하겠다. 올바른 질문을 찾고 나면, 정답을 찾는 데는 5분도 걸리지 않을 것이다."

즉 어떤 문제의 해결을 위해서 '어떻게 해결할 것인가?'에 대한 아이디어를 찾는 것도 중요하지만 그 이전에 올바른 질문을 통해 근본적인 원인을 찾는 것이 중요하다는 것이다. 만약 근본적인 원인을 찾지 못한다면, 그 해결안은 단기적인 처방으로 그칠 수밖에 없고, 그렇다면 올바른 해결책이 될 수 없는 것이다.

만약 우리에게 감기 증세가 있다면, 우선 병원에 가서 약과 주사 등의 처방을 받아 치료를 하는 것이 당연하다. 하지만 다른 사람에 비해 자주 감기에 걸린다고 하면, 그 원인을 파고들어 핵심 원인이 무엇인지에 따라 생활습관의 개선 내지는 면역력을 높이는 방법 같은 다른 대안이보다 올바른 해결안이 될 수도 있는 것이다. 물론 '할 수 있는 모든 것을 다 해 보면 되지 않을까?'라고 생각하는 사람도 있을 수 있다. 그러나 우리는 가정에서도 회사에서도 시간과 자원이 항상 여유로운 것만은 아니라는 사실을 인지해야 한다.

지금까지 5Why 기법에 대해 살펴봤다. 일상에서 혹은 업무에서 어떤 문제를 근본적으로 해결하고자 한다면, 논리적인 사고 기법 중 5Why 기법을 활용해보기 바란다.

① 왜Why라는 질문이 중요하다. 어떤 사항에 대해 '왜?'라고 물으면 그에 대한 근거나 이유를 설명해야 하고, 그 과정에서 논리적으로 사고하는 훈련이 자연스럽게 이루어진다.

② 5Why 기법이란 무슨 일이든 5번은 '왜?'라고 묻는 것이다. 그런 과정을 거치면 근본적인 원인을 찾을 수 있고, 근본적인 해결도 가능하다.

③ 5Why 기법의 유의 사항은 다음과 같다.
  – Why에 대한 질문을 할 때 내가 통제 가능한 것을 질문해야 한다.
  – 근거가 있고, 검증 가능한 사실로 답해야 한다.
  – 현실적으로 더 이상 '왜?'라고 질문이 불가능할 때까지 질문한다.

PART 9

새로운 가치를
만드는 창의력

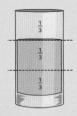

[문제] 그림과 같은 컵에 물이 2/3가 담겨 있다. 이 컵을 활용하여 컵에 물을 1/2만 담으려면 어떻게 해야 할까? 물론 컵에는 별도의 눈금이 표시되어 있지 않다.

정답은 그림과 같다. 정답을 보고 나면 다소 쉬운 문제였다고 생각할 수도 있다. 하지만 많은 사람들

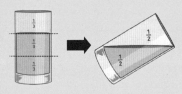

은 이 문제를 어려워한다. 관찰력이나 논리력만으로는 문제를 풀기 어렵기 때문이다. 대상이나 상황에 대해 새로운 관점으로 접근해야만 답을 찾을 수 있는 문제, 즉 창의력이 요구되는 문제이다.

물론 창의력은 이와 같이 퀴즈를 풀 때에만 필요한 것은 당연히 아니다. 일상에서 벌어지는 다양한 문제들을 해결하기 위해서는 논리적인 사고로만 가능하지는 않다. 혹은 해결은 할 수 있지만 새로운 가치를 만들어내기는 어렵다. 특히 요즘처럼 경쟁이 심한 사회에서는 새로운 기술, 새로운 마케팅 등의 방법을 꾸준히 만들어내는 기업만이 살아남을 수 있다.

따라서 최근에는 민간 기업은 물론 정부기관까지 거의 모든 조직에서 창의력을 강조하고 있는 실정이다. 항상 새로운 아이디어를 찾아야 하는 상황은 많은 부담이 되기도 하지만, 반대로 창의력을 향상시키는 노력이 자신의 경쟁력을 높이는 주요 수단이 될 수도 있음을 알아야 한다. 이제 창의력이란 무엇이고, 창의력을 높이기 위해 어떤 기본 전제가 필요한지 살펴보자.

창의력도 개발할 수 있다

요즘 시대를 흔히 '창조의 시대'라고 한다. 창조를 만들어내는 원동력인 '창의력'이 곧 경쟁력의 원천이라는 의미다. 그런데 대부분의 사람들은 창의력을 발명가 내지는 특정 분야에 천재성을 보이는 사람들의 영역이라 치부하면서, 자신과는 관련 없는 것으로 생각하는 경우가 많다. 하지만 전문가들은 창의력은 타고나는 것이 아니라 개발되는 것이라 말한다.

예를 들어 모차르트는 아주 어린 나이부터 교향곡을 작곡했다고 알려져 있지만, 그를 유명하게 만들었던 것은 초기의 작품이 아니다. 또한 발명왕이라고 불리는 에디슨도 어느 날 갑자기 뚝딱 만들어낸 발명품은 없다. 아무리 천재라 하더라도 위대한 창조물을 만들기 위해서 수많은 노력과 연습, 실패에서 교훈을 얻는 과정을 거치기 마련이다. 만약 이러한 사실에 동의한다면 우리도 노력을 통해 창의력을 향상시킬 수 있다는 믿음을 가질 수 있지 않을까?

먼저 창조의 개념부터 살펴보자. 창조의 사전적 의미는 첫째는 전에 없던 것을 새롭게 만들어내는 것, 둘째는 신이 우주 만물을 처음으로 만듦, 셋째는 새로운 성과나 업적, 가치 따위를 이룩하는 것으로 되어 있다. 우선 '전에 없던 것을 새롭게 만들어내는 것'은 당연한 말이다. 한편 창조란 신이 우주 만물을 처음으로 만들었듯이, 아무것도 없는 무無에서 유有를 만들어내는 것만을 의미하지는 않는다. 만약 그렇다면 우리 인간이 할 수 있는 창조는 없다.

하지만 우리는 역사상 수많은 창조의 결과물을 바탕으로 인류 문명을 발전시켜 왔다. 따라서 우리가 주목해야할 것은 세 번째 정의다. 무로부터 유의 창조가 아닌, 새로운 성과나 업적, 가치 따위를 만들어내는 창조다. 한마디로 인간의 창조는 기존에 있던 것에 새로운 가치를 부여하여 전에 없던 것을 새롭게 만들어내는 것을 의미한다.

　이러한 인간의 창조를 위해 우리에게 필요한 것이 바로 '창의력'이다. 창의력은 남들이 생각하지 못한 새로우면서도 가치 있는 아이디어를 만들어내는 능력이라고 정의할 수 있다. 앞서 말한 바와 같이 이러한 창의력은 타고나는 것이 아니다. 새로운 아이디어를 내기 위해 다양한 아이디어 발상 기법의 도움을 받으면 된다. 먼저 창의력을 향상시키기 위해 필요한 전제 조건에 대해 살펴보자.

창의력 개발의 전제 조건

창의적인 사고를 위해서 크게 3가지 관점에서 사고를 할 줄 알면 도움이 된다. 첫째, 고정관념을 넘어서야 한다. 둘째, 융합적 사고를 할 수 있어야 한다. 셋째, 상상력을 잘 발휘해야 한다.

(1) 고정관념 넘어서기

고정관념이란 '본의가 아님에도 마음이 어떤 대상에 쏠려 끊임없이 의식을 지배하며, 모든 행동에 영향을 끼치는 관념'을 의미한다. 당연히 고정관념이 강할수록 새로운 아이디어가 나올 가능성은 줄어든다. 한 가지 문제를 풀어보자.

[문제] 네모 안의 9개의 점을 펜을 떼지 않고 최대 4개 직선으로 모두 연결할 수 있는 방법은?

아마 이 문제는 어디선가 한 번쯤 경험해봐서 상대적으로 쉬웠을 것이다. 이 문제를 풀기 위해서는 점들을 연결하기 위해 '펜을 테두리 밖으로 나가게 해야 한다.'는 것이 핵심이다.

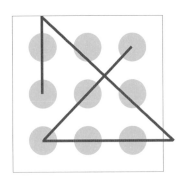

여기서 문제를 좀 더 이어가 보자. 4개의 직선이 아닌 1개의 선으로 9개의 점 모두를 연결하는 방법은 없을까?

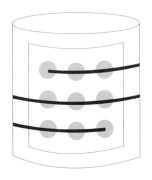

정답은 그림과 같다. 9개의 점이 그려진 종이를 원통에 부착한다면 1개의 선으로도 9개의 점 모두를 연결할 수

있다. 결국 핵심은 어떤 해결책이건 고정관념에서 벗어나야 실마리를 찾을 수 있다는 사실이다.

(2) 융합적 사고 발휘하기

융합적 사고의 대표적인 예로 '메디치 효과'가 있다. 메디치 효과란 서로 관련이 없을 것 같은 다양한 분야가 서로 교류, 융합하여 독창적인 아이디어나 뛰어난 생산성을 나타내고 새로운 시너지를 창출할 수 있다는 이론이다. 즉 서로 다른 요소들이 융합을 하여 새로운 가치를 만들어낸다는 것이다. 15세기 이탈리아 피렌체 지방에서 르네상스를 이끄는 데 공헌했다고 평가받는 '메디치 가문'의 이름을 따 왔다.

이스트게이트 쇼핑센터

메디치 효과의 예로 아프리카 짐바브웨의 수도 하라레에 있는 '이스트게이트 쇼핑센터'를 들 수 있다. 이곳은 일교차가 심하기도 하지만, 한낮 기온이

섭씨 40도 가까이 오른다고 한다. 그런데 이스트게이트 쇼핑센터는 별도의 냉방장치가 없음에도 한낮의 실내 온도가 24도 정도로 유지된다고 한다. 어떻게 이런 일이 가능한 것일까?

이처럼 요술 같은 결과는 생물학과 건축학의 융합에서 그 비밀을 찾을 수 있다. 이스트게이트 쇼핑센터는 짐바브웨가 고향인 건축가 마이크 피어스Mike Pearce에 의해 설계되었다. 그는 엄청난 일교차에도 불구하고 항상 일정한 실내 온도를 유지하는 아프리카 흰개미 집의 공기 순환 시스템에서 힌트를 얻어 세계 최초의 자연 냉방 건물을 짓게 되었다고 한다.

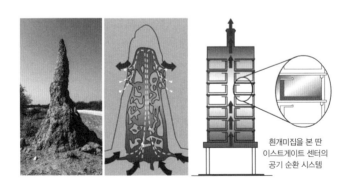

흰개미집을 본 딴
이스트게이트 센터의
공기 순환 시스템

원리는 대략 이렇다. 개미탑 아래로는 신선한 공기가 유입되도록 구멍이 뚫려 있고, 위쪽 구멍들은 개미들이 열고 닫으면서 공기의 흐름을 조절하여 집 내부의 온도를 일정하게 유지한다. 피어스는 이를 건축에 적용하여 산소가 많은 찬 공기는 아래로 들어오게 건물의 가장 아래층을 완전히 비우고, 위층에는 이산화탄소가 많은 더운 공기를 빼내는 수직 굴뚝을 여러 개 설치했다. 그 상태에서 맨 위층에는 선풍기를 설치하여 더운 공기가 잘 빠져나가도록 했다. 이처럼 흰개미의 집에서 얻은 힌트를 활용한 결과, 일반 건물의 10% 정도 에너지만을 소비하고도 적정 온도를 유지할 수 있었다. 결국 효율적인 건축물에 대한 아이디어는 건축학이 아니라 생물학으로부터 나온 셈이다.

(3) 상상력 발휘하기

창의적 사고에 있어 중요한 역할을 하는 것이 '상상력'이다. 세계적인 극작가 조지 버나드 쇼George Bernard Shaw는 다음과 같이 말했다.

"상상력은 창조의 시작이다. 바라는 것을 상상하고, 상상한 것을 의도하고, 의도한 것을 창조하는 것이다."

꼭 조지 버나드 쇼의 말이 아니더라도 '상상력'이 창의적 사고에 도움이 된다는 사실은 의심의 여지가 없다. 과거 영화 속에서 상상의 세계로만 존재했던 것들이 현실화된 모습만 보더라도 말이다. 다만 상상력에 대한 제대로 된 이해가 필요하다. 버클리 공과대학에서 입는 로봇인 엑소스켈레톤Exoskeleton 연구를 이끌었던 호마윤 카제루니Homayoon Kazerooni 교수는 상상력을 다음과 같이 정의한다.

"공학, 물리, 수학은 우리에게 필요한 도구일 뿐이다. 상상력이란 인류와 사회가 무엇을 필요로 하는지, 어느 방향으로 발전해 나가야 하는지를 이해하는 것이다. 그것이 바로 상상력이다. 상상력이 없는 기술은 단지 도구 중 하나일 뿐이다."

즉 새로운 아이디어를 기반으로 발전한 기술은 '인간을 위한 기술'이어야 한다는 의미다. 가령 입는 로봇 기술이 더욱 발전해 결국 전쟁터에서 수많은 사람을 죽이는 데 활용된다면 그것은 상상력도 창조도 아니다. 그러나 전쟁 또는 사고로 다리를 잃은 아이들이 친구들과 함께 뛰어놀 수 있게 만들어준다면 그것이 진정한 상상력이고 창조이다. 따라서 상상력을 잘 발휘하기 위해서는 인간에 대한 이해와 사랑이 전제되어야 한다. 가족, 친구, 직장 동료, 혹은 사회적으로 누군가의 아픔에 공감하고 그들의 아픔을 해결하기 위해 고민하는 것, 그것이 바로 상상력을 발휘하는 것이다.

다음의 문제를 한번 생각해보자. 아프리카에는 물이 부족한 나라가 많다. 그래서 그런 나라에 사는 어떤 사람들은 아침에 일어나면 2시간을 걸어, 물이 나오는 곳으로 가서 물통에 물을 담아 다시 2시간을 걸어 집으로 돌아오는 삶을 살고 있다. 그나마 그 물도 더러워서 각종 질병에 걸리기도 한다. 당신이 이들에게 무언가 해결책을 찾아준다면 어떤 게 있을까?

다양한 해결책을 제시할 수 있다. 여기서는 IDEO社가 개발한 자전거 정수기인 '아쿠아덕트'를 소개하겠다. 아쿠아덕트는 더러운 물을 자전거 뒤편 트렁크에 싣고 페달을 밟아 이동하는 동안 페달에 구동된 펌프를 통해 물이 정화되고, 깨끗해진 물은 자전거 앞부분 물통에 저장되는 구조이다. 근본적인 해결책은 아닐지라도 물이 부족한 나라에 큰 도움이 될 것은 분명하다. 이처럼 그 기술이 사용되는 사회 공동체의 정치적, 문화적, 환경적 조건을 고려해 해당 지역에서 지속적인 생산과 소비가 가능하도록 만들어진 기술을 '적정기술'이라고도 부른다. 물이 부족한 아프리카의 나라에는 TV나 스마트폰을 만드는 기술보다 더 유용한 기술이 바로 이러한 정수 기능을 갖춘 제품이다. 결국 기술은 인간을 위한 기술이어야 한다.

아쿠아덕트

지금까지 창의력을 높이기 위한 3가지 전제 조건에 대해 살펴보았다. 우리가 분신처럼 사용하고 있는 스마트폰을 보자. 휴대폰에 물리적인 키패드가 있어야 한다는 고정관념에서 벗어나 제거해버렸다. 또한 스마트폰은 휴대폰+카메라+MP3플레이어+내비게이션 등 수많은 제품들이 융합된 결과물이다. 이러한 스마트폰은 인간의 어떤 아픔을 해결해주고 있는가? 바로 컴퓨터에서 소외되었던 노인과 어린아이들이 좀 더 쉽게 인터넷을 즐길 수 있게 만들어주었다. 스티브 잡스Steve Jobs가 했던 유명한 말 "애플이 아이패드와 같은 혁신적인 제품을 만들 수 있었던 것은, 우리가 기술과 인문학의 교차점에 있고자 했기 때문이다."를 기억한다면, 그 의미를 이해할 수 있을 것이다.

① 창조를 위해 우리에게 필요한 것이 바로 '창의력'이며, 창의력이란 남들이 생각하지 못한 새로우면서도 가치 있는 아이디어를 만들어내는 능력이라고 할 수 있다. 이러한 창의력은 타고나는 것이 아니라 개발되는 것이다.

② 창의적인 사고를 하려면 크게 3가지 관점에서 사고를 해야 한다. 첫째는 고정관념 넘어서기, 둘째는 융합적 사고 발휘하기, 셋째는 상상력 발휘하기가 필요하다.

③ 고정관념이란 '본의가 아님에도 마음이 어떤 대상에 쏠려 끊임없이 의식을 지배하며, 모든 행동에 영향을 끼치는 관념'을 말한다. 고정관념에서 벗어나야 새로운 아이디어를 얻을 수 있다.

④ 융합적 사고의 대표적인 예로 '메디치 효과'가 있다. 메디치 효과란 서로 관련이 없을 것 같은 다양한 분야가 서로 교류, 융합하여 독창적인 아이디어나 뛰어난 생산성을 나타내고 새로운 시너지를 창출할 수 있다는 이론이다. 경계와 영역을 초월하여 융합을 시도하면 새롭고도 좋은 아이디어를 얻을 수 있다.

⑤ 상상력은 창조의 시작인데, 진정한 상상력이란 '인류와 사회가 무엇을 필요로 하는지, 어느 방향으로 발전해 나가야 하는지'를 이해하는 것이다. 모든 창의적 사고의 바탕이 되는 상상력은 인간을 위한 것이어야 한다.

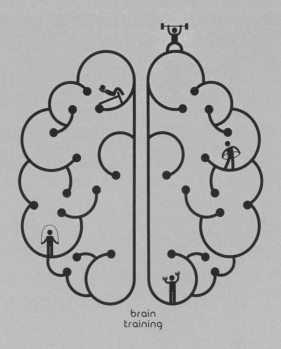

brain
training

PART 10

강제력을 활용한
창의력 기법

오전 10시, 한 기업의 마케팅팀 전원이 회의실에 모여 있다. 급하게 회의를 소집한 팀장은 자리에 앉자마자 이렇게 말한다.

"이번 1/4분기 M/S가 작년 4/4분기에 비해 5%나 감소했던데, 2/4분기에 어떻게 만회할지에 대해 아이디어 회의를 했으면 하는데, 좋은 아이디어 좀 내 봐!"

몇 명이 의견을 내기 시작한다.

팀원 A: TV 광고를 좀 더 강화해야 합니다.

팀장: 지금도 예산이 부족한데 그걸 어떻게 해?

팀원 B: 재고를 중심으로 가격 할인과 1+1 행사를 병행하는 것은 어떨까요?

팀장: 지난번에도 그렇게 해서 결국 영업 이익이 7%나 떨어져서 사장님께 깨진 거 생각 안 나? 매번 똑같은 전략만 하려고 하지 말고, 뭐 좀 새로운 거 없어?

이후 회의실 분위기는 어땠을까? 예상하듯이 대부분 눈치만 볼뿐, 새로운 아이디어가 나오기는 어려울 것이다. 이 상황처럼 우리는 때로 어떤 문제를 해결하기 위해 아이디어 회의를 하지만 정작 만족스러운 결과를 얻지 못하는 경우가 많다. 무엇이 문제일까? 물론 팀장의 회의 진행 스타일이 문제라고 할 수도 있겠다. 사전에 회의 주제를 고지했다거나 팀원의 아이디어를 즉시 비판하지 않았으면 어땠을까 하는 생각도 들 수 있다. 하지만 팀장도 오죽 마음이 급하고 답답했으면 그랬을까 하는 생각도 든다.

결국 이러한 상황에서는 무작정 아이디어를 내라고 닦달한다고 되는 것이 아니다. 만약 아이디어를 생각해내야 하는데, 어떤 걸림돌이 있어 잘 진행되지 않을 때 활용할 수 있는 방법이 있다면 어떨까? 아마 모두들 매우 반가워할 것이다. 그래서 소개할 아이디어 발상 기법이 바로 '만다라트'이다.

만다라트 기법

만다라트는 일본의 디자이너 이마이즈미 히로아키 Imaizumi Hiroaki가 지난 1987년에 창안한 것으로 알려져 있다. 만다라트Manda+la+Art는 '목표를 달성하는 기술'이란 뜻이다. 'Manda'는 진수 혹은 본질, 'la'는 소유한다는 의미의 범어로, 만다라曼茶羅, Manda+la는 깨달음의 경지를 반복되는 원과 사각형, 연꽃무늬 등으로 표현한 불화이다. 현대 심리학에서도 명상과 치유의 도구로 쓰이는 이 기법은 소라 모양으로 움직이는 뇌 구조에 맞춰 생각을 정리하는 데 적합하다고 평가받고 있다.

만다라트는 최종적으로 무려 81칸의 상자에 무조건 내용을 작성하도록 강제하는 방법이다. 여러 사람이 힘을 모아 아이디어를 내는 상황에서도 활용이 가능하지만 특히 혼자 생각을 정리하거나 아이디어를 고민할 때 활용하기 좋은 기법이다. 방법은 의외로 간단하다.

먼저 빙고판처럼 9개의 칸을 만들고, 제일 중앙에는 핵심 주제(과제, 목표)를 적고, 인접한 8칸을 그 주제와 관련된 특성이나 원인, 계획 등의 구체적인 내용의 단어(키워드)로 채운다. 그러고 나서 8개의 키워드 각각을 핵심 주제로 놓고 그림처럼 인접한 9개 칸을 앞선 방법과 같은 방식으로 채운다.

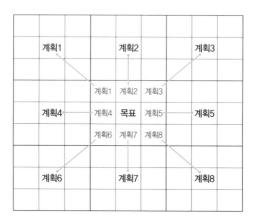

몇 년 전에는 일본 야구 선수 오타니 쇼헤이Otani Shohei가 고등학교 1학년 시절 작성한 만다라트 계획표로 화제가 된 적이 있다.

몸관리	영양제 먹기	FSQ 90kg	인스텝 개선	몸통강화	축 흔들지 않기	각도를 만든다	위에서부터 공을 던진다	손목 강화
유연성	**몸 만들기**	RSQ 130Kg	릴리즈 포인트 안정	**제구**	불안정 없애기	힘 모으기	**구위**	하반신 주도
스테미너	가동력	식사 저녁7숟갈 아침3숟갈	하체강화	몸을 열지 않기	멘탈을 컨트롤	볼을 앞에서 릴리즈	회전수 증가	가동력
뚜렷한 목표 목적	일희일비 하지 않기	머리는 차갑게 심장은 뜨겁게	몸 만들기	제구	구위	축을 돌리기	하체 강화	체중 증가
핀치에 강하게	**멘탈**	분위기에 휩쓸리지 않기	멘탈	8구단 드래프트 1순위	스피드 160km/h	몸통 강화	**스피드 160km/h**	어깨 주변 강화
마음의 파도를 안 만들기	승리에 대한 집념	동료를 배려하는 마음	인간성	운	변화구	가동력	라이너 캐치볼	피칭 늘리기
감성	사랑받는 사람	계획성	인사하기	쓰레기 줍기	부실 청소	카운트볼 늘리기	포크볼 완성	슬라이더 구위
배려	**인간성**	감사	물건을 소중히 쓰자	**운**	심판을 대하는 태도	늦게 낙차가 있는 커브	**변화구**	좌타자 결정구
예의	신뢰받는 사람	지속력	긍정적 사고	응원받는 사람	책읽기	직구와 같은 폼으로 던지기	스트라이크를 던질 때 제구	거리를 상상하기

앞서 설명한 바와 같이 오타니 쇼헤이의 만다라트를 보면 맨 가운데 사각형에 올해 자기가 이루고자 하는 최

종 목표를 적었다. 그리고 인접한 8칸에는 그 목표를 현실화할 실천 계획을 키워드 중심으로 작성했다. 이 계획표를 본 사람들은 '역시, 될성부른 나무는 떡잎부터 알아본다.'라며 감탄해 마지않았다. 하지만 만다라트는 이렇게 목표 달성을 위한 계획표를 작성할 때만 사용하는 도구가 아니다. 창의적인 사고로 아이디어를 낼 때도 효과적으로 활용할 수 있다.

지금부터는 창의적 아이디어 도출에 만다라트 기법을 활용하는 훈련을 해 보자.

2

만다라트 기법의 활용

[문제 1] 가장 간단한 만다라트에 도전해보자. 당신은 독창적인 형태의 머그잔을 만들고자 한다. 아이디어를 도출하기 위해 1차 확장된 만다라트 매트릭스를 채워보자.

[1단계]

그림	재미 요소	소재
시음구 모양	**머그잔?**	용도
컬러	손잡이	무게

[2단계]

	손잡이?	

물론 여기에 정답이 존재하는 것은 아니다. 대략적으로 다음 예시를 참고해서 만다라트 기법을 익혀보자.

[1단계]

그림	재미 요소	소재
시음구 모양	**머그잔?**	용도
컬러	손잡이	무게

[2단계]

뚜껑과 결합	야광 기능	탈부착 가능
아이들도 잡기 쉽다	손잡이?	예술작품 활용
인체공학	손가락이 각각 들어감	손잡이가 없다

[문제2] 이제 만다라트를 조금 더 발전시켜보자. 당신은 1주일 뒤 결혼 10주년을 맞이한다. 배우자에 대한 고마움과 사랑을 표현하기 위한 결혼기념일 이벤트를 기획 중인데, 좋은 아이디어가 필요한 상황이다. 다음 예시를 통해 3가지 확장 매트릭스를 채워보자.

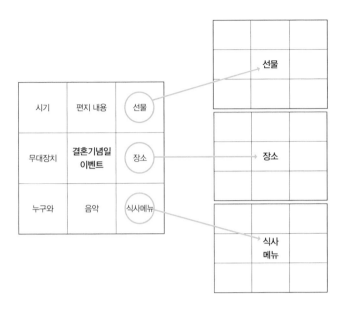

여기에도 정답은 없으니 나름 고민하여 빈칸을 채우는 연습을 해 보자. 중요한 것은 무슨 일이 있어도 빈칸을 모두 채우는 것이다. 아래는 참고로 작성한 예시이다.

상품권	다이아 반지	목걸이
시계	**선물**	팔찌
명품백	구두	발찌

한강 유람선	국내호텔	해외호텔
강릉호텔	**장소**	해외 크루즈
집	캠핑카	제주도 펜션

랍스타	스테이크	해산물 뷔페
대게	**식사 메뉴**	호텔 뷔페
퓨전요리	중식	한정식

단 3가지 만다라트만 작성해도 결혼기념일 이벤트와 관련하여 많은 아이디어가 나왔음을 확인할 수 있다. 여기 작성한 3가지 만다라트의 아이디어를 조합해서 "해외 크루즈 여행에서 저녁 식사로 랍스타를 먹으면서 준비한 명품백 선물을 전달한다."라는 식으로 계획을 정리할 수도 있다.

[문제3] 이번에는 제대로 만다라트를 완성해보자. 당신이 스스로 생각하는 멋진 사람으로 거듭나기 위한 아이디어를 만다라트 기법을 활용해 정리해보자.

	A			B			C	
			A	B	C			
	D		D	멋진 사람	E		E	
			F	G	H			
	F			G			H	

시간이 좀 걸리기도 하고, 어렵게 느껴질지도 모른다. 그러나 평범했던 당신이 이 시대의 '멋진 사람'이 되는 것은 원래 쉽지 않다. 다음 그림의 예시를 참고하기 바란다.

전화	방문	여행	식사량 줄이기	금주	걷기	소통	요리	청소
선물	**부모**	효도	수면습관	**건강**	몸무게 감량	잔소리 안 하기	**가정**	서재 만들기
감사	예의	존경	자전거	등산	금연	레저활동	학습지도	TV 시청 줄이기
겸손	칭찬	경청	부모	건강	가정	독서	영어	일본어
성찰	**인간미**	배려	인간미	**멋진 사람**	공부	글쓰기	**공부**	대학원
후배육성	존중	예의	습관	금전	이웃	철학	소설	자격증
5시 기상	체조	1시간 독서	적금	택시 안 타기	대중교통 이용	칭찬	인사	예의
미루지 않기	**습관**	일기	회식 줄이기	**금전**	외식 줄이기	나눔	**이웃**	태도
성실	꾸준함	솔선수범	절전	절약	가계부	양보	충간소음	미소

예시를 보면 '멋진 사람'으로 거듭나기 위한 수많은 아이디어가 나왔다. 일상 혹은 비즈니스 현장에서 아이디

어가 필요한 순간, 약간의 강제력을 동원한 만다라트 기법을 활용하여 해결의 실마리를 찾을 수 있게 되길 기대한다.

① 만다라트Manda+la+Art는 '목표를 달성하는 기술'이란 뜻으로, 'Manda'는 진수, 본질을 'la'는 소유한다는 의미를 가진 범어이다.

② 만다라트는 목표 달성을 위한 계획표 작성뿐만 아니라, 창의적인 사고로 아이디어를 낼 때도 효과적으로 활용할 수 있다.

③ 만다라트는 빙고판처럼 9개의 칸을 만들고, 제일 중앙에는 핵심 주제(과제, 목표)를 적는다. 인접하는 8칸에는 주제와 관련된 특성이나 원인, 계획 등을 구체적인 단어(키워드)로 채운다. 그러고 나서 이번에는 8개의 키워드 각각을 인접한 9개 칸의 핵심 주제로 놓고 앞선 방식처럼 채우며 아이디어를 뽑아낸다.

④ 만다라트는 최종적으로 81칸의 상자에 무조건 내용을 작성하도록 강제하는 방법이다. 여러 사람이 힘을 모아 아이디어를 내는 상황에서도 활용 가능하며 특히 혼자 생각을 정리하거나, 아이디어를 고민할 때 활용하기 좋은 기법이다.

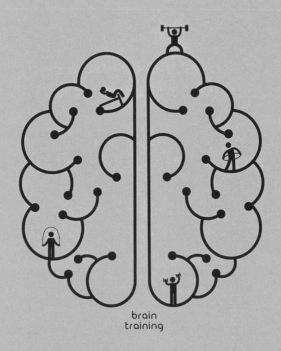

brain
training

PART 11

컬러를 활용한
창의력 기법

컬러배스 기법

[문제] 지금 자신의 주변에 있는 것 중 '빨간색'이 들어간 사물을 10가지 이상 나열해보자. (예시: 머그컵, 볼펜, 색연필, 슬리퍼 무늬, 마우스패드, 외장하드 케이스, 책 표지, 사탕, 파워포인트 아이콘, 클립)

문제를 풀기 위해 잠시 주위를 둘러보면 평소에는 관심도 없었던 빨간색 물건들이 눈에 들어오기 시작한다. 이와 같은 현상을 '컬러배스Color Bath'라고 하는데 '색을 입힌다.'는 의미이다. 한 가지 색깔에 집중하면 해당 색을 가진 사물들이 눈에 띄는 현상이다.

여기서 오해는 금물이다. 명칭은 컬러배스이지만 반드시 색깔만 활용하는 것은 아니다. 색깔뿐만 아니라 특정한 분야에 관심을 갖기 시작하면, 평소에는 무심코 지나쳤던 것들이 눈에 들어오기 시작하는 현상에 착안한 방법이다. 가령 우리가 자동차나 스마트폰을 구매하고자 마음을 먹는 순간, 갑자기 일상에서 그와 관련된 상품이 잘 보이기 시작하고, 관련 광고는 물론 영화나 드라마를 보는 중에도 관련 상품이 눈에 들어오는 것을 경험한 적이 있을 것이다.

아이작 뉴턴이 나무에서 떨어지는 사과를 보고 만유인력의 법칙을 발견한 것은 너무나도 유명한 일화이다. 하지만 나무에서 사과가 떨어지는 것은 항상 있던 일이었다. 중요한 사실은 뉴턴이 평소 '우주를 움직이는 힘은 무엇일까?'라는 생각에 관심을 가지고 있었기 때문에, 나무에서 사과가 떨어지는 사건을 중력과 연결시킬 수 있었던 것이다.

이와 같이 컬러배스 기법은 적극적인 관심에 기반한 관찰을 통해 새로운 아이디어를 개발하는 방법이다. 이제 컬러배스 기법을 활용하기 위한 연습 단계로 넘어가 보자.

2

컬러배스 기법의 활용

[문제] 컬러배스는 색깔만 활용하는 것이 아니라는 점을 기억하며, 다음 문제를 풀어보자. 현재 자신 주변의 물건 중 '사각형' 모양을 가진 것의 리스트를 20개 작성해보자. (예시: 책상, 서류 가방, TV, 노트북, 필통, 클리어 파일, 책, 신용카드, 키보드, A4 용지, 포스트잇, 전자계산기, 휴대폰, 쇼핑백, 박스, 창문, 출입문, 열쇠고리, 사진, 액자)

어떠한가? 생각보다 우리 주변에는 '사각형' 모양의 물건이 많다는 사실을 새삼 알게 된다. 물론 이 사실을 안다고 해서 살아가는 데 큰 도움이 되는 것은 아니다. 하지만 평소 무관심했던 영역에 관심을 갖자마자 이전과는 다른 시선으로 세상을 볼 수 있게 된다는 사실이 중요하다.

그런데 여기서 멈추지 않고 한 단계 더 나아간다면 또 다른 결과를 얻을 수 있다. 예를 들어 앞서 살펴본 '사각형' 형태의 물건 중 노트북이 사각형이라는 사실에 대해 평소 우리는 당연하게 생각하고 변화가 필요하다고 생각하기 어렵다. 하지만 컬러배스의 결과 너무 많은 사각형의 세상이 지루하게 느껴진 당신은 다음과 같은 질문을 던질 수도 있다.

'노트북 모양을 보름달 같은 원의 형태로 바꿀 수 없을까?'
'좀 더 작거나 클 수는 없을까?'
'서류 가방과 노트북을 합치면 어떨까?'
'노트북에도 홍채 및 지문 인식 잠금 기능을 설정하는 것은 어떨까?'

이처럼 생각이 꼬리를 물어 점점 더 많은 생각의 날개를 펼칠 수 있다. 잠시 생각해봐도 한계가 없을 것처럼 느껴진다. 처음에는 단지 사각형이라는 공통점으로 모인 물건들의 리스트이지만, 공통점과 차이점을 보거나 서로 연결해보려는 시도 속에서 새로운 아이디어가 나올 수 있다.

살펴본 바와 같이 컬러배스를 활용한 발상법은 가장 쉽고 기초적인 방법으로 누구나 일상에서 활용할 수 있어 유용하다. 출퇴근길, 혹은 하루 중 언제라도 내가 오늘 정한 키워드를 중심으로 큰 무리 없이 컬러배스를 실행해볼 수 있기 때문이다. 특정 주제에 대한 남다른 관심과 노력이 당신을 그 분야 전문가로 만들어줄 수는 없다고 해도, 최소한 남들이 생각하지 못하는 새로운 아이디어를 더 많이 갖게 해줄 것이다.

[문제] 이번 컬러배스의 키워드는 사람들이 손목에 차고 있는 시계이다. 요즘에는 스마트폰으로 시간을 확인하는 사람들이 많지만 여전히 많은 사람들이 다양한 이유로 손목시계를 찬다. 일단 '손목시계'라는 키워드를 중심으로 하루를 보낸다고 가정해보

고, 평소 기억에 있거나 상상 속에서 만난 손목시계의 리스트를 작성해보자. (예시: 시계 알의 형태가 네모, 세모, 원, 그 외에도 다양한 형태가 있을 수 있고, 시곗줄의 재질도 금속, 가죽, 플라스틱 등등 다양하다. 모양이나 두께, 컬러 등을 조합해 리스트를 뽑아도 엄청나다.)

예시에서처럼 수많은 유형의 시계 리스트를 작성할 수 있다. 만약 당신이 관심을 갖고 조금 더 시간을 투자하여 별도의 조사까지 한다면 더 많은 데이터를 얻을 수 있다. 가령 성별, 연령별, 브랜드별, 국가별, 가격대별, 상황별, 형태별, 기능별 차이점에 대해 이해할 수도 있으며, 그런 과정을 통해 현재 트렌드는 물론 미래 트렌드의 예측도 가능하지 않을까? 어떠한가? 처음엔 컬러배스 기법을 활용하는 연습이었지만, 만약 그 연습이 심도 있는 수준으로 이어졌다면 당신은 '손목시계'와 관련한 인터넷 쇼핑몰을 창업하고 싶은 생각이 들었을지도 모르겠다.

지금까지 컬러배스를 활용한 아이디어 발상법을 살펴봤다. 컬러배스 기법의 장점은 시간과 장소를 가리지 않고 일상에서 손쉽게 실천해볼 수 있다는 점이다. 컬러배스를 좀 더 의미 있게 활용하기 위한 방법으로 다음의 3단계를 기억했다가 활용하기 바란다.

첫째, 핵심 키워드 선정하기

　– 나의 관심사 혹은 해결해야 하는 과제와 관련된 핵심 키워드를 정한다.

– 키워드는 '명확한 단어'로 나타내는 것이 중요하다.

둘째, 키워드 각인시키기

– 아무리 기억을 잘하려고 해도 막상 잘 안 되는 경우가 있다. 그럴 경우를 대비해 포스트잇이나 메모지를 활용해 수시로 볼 수 있도록 하는 것도 필요하다. 휴대폰 알람을 활용하는 것도 추천한다.

셋째, 바로바로 메모하기

– 키워드와 관련된 생각이 떠오르는 즉시 바로 메모를 해야 한다.

– 이후에 메모한 내용을 서로 연결하거나 다른 관점으로 생각해보기를 시도한다.

① 컬러배스Color Bath는 '색을 입힌다.'는 의미로 한 가지 색깔에 집중하면 해당 색을 가진 사물들이 눈에 띄는 현상이다.

② 컬러배스 기법은 색깔에만 한정되는 것은 아니다. 적극적인 관심에 기반한 관찰을 통해 새로운 아이디어를 개발할 수 있는 방법이다.

③ 컬러배스를 통해 특정한 공통점(색, 모양, 재질, 소리 등)으로 모인 물건들의 리스트를 뽑아낼 수 있다. 하지만 거기서 그치지 않고 리스트 간 공통점, 차이점, 연결 등의 시도를 통해 새로운 아이디어를 발견할 수 있다.

④ 컬러배스를 활용하는 3가지 방법은 다음과 같다.
– 핵심 키워드 선정
– 키워드 각인시키기
– 바로바로 메모하기

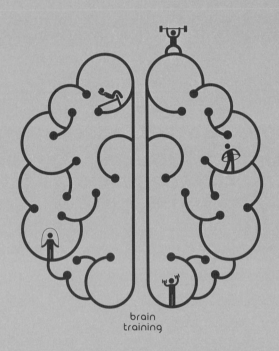
brain
training

PART 12

질문으로 답을 찾는
창의력 기법

1

스캠퍼 기법

스캠퍼 기법은 미국의 교육행정가인 밥 에벌Bob Eberle 이 1971년에 고안한 것으로, 창의적 사고를 유도해서 새로운 제품이나 서비스, 프로세스의 창조를 돕는 일종의 발상 도구이다. 스캠퍼 기법은 새로운 것은 기존에 존재하는 것에서부터 출발한다는 전제를 갖고 있다. 즉 기존의 것에 더하거나 빼거나 혹은 변형을 함으로써 새로운 것을 만들어낼 수 있다는 것이다.

스캠퍼SCAMPER는 대체하기Substitute, 결합하기Combine, 응용하기Adjust, 변형·확대·축소하기Modify·Magnify·Minify,

용도 바꾸기Put to other uses, 제거하기Eliminate, 역발상·재정리하기Reverse·Rearrange의 알파벳 앞 글자를 따서 붙인 이름으로, 어떤 대상을 두고 순서대로 질문을 던져 아이디어를 얻는 방식이다. 각각의 질문에 대해 좀 더 구체적으로 알아보자.

(1) 대체하기

기존의 대상을 다른 대상으로 대체하면 어떨지에 대해 질문한다. 예를 들어 원재료를 기존의 A 대신 B로 쓰면 어떠할지, 제조 과정에서 기존 방식 대신 다른 방식을 채택하면 어떠할지, 시간대를 바꾸면 어떠할지 등에 대해 질문하고 생각해보는 것이다.

종이컵은 컵의 재질을 도자기에서 종이로 대체하기를 통해 만들어진 발명품이다. 1900년대 초 미국의 휴 무어Hugh Moore가 그의 형이 발명한 생수 자동판매기에 사용할 수 있도록 깨지지 않는 컵을 발명한 것으로 알려져 있다.

(2) 결합하기

두 가지 이상의 것을 합치면 어떠할지에 대해 질문한다. 결합을 통해 새로운 가치가 만들어질 수 있는지에 대해 생각해보는 것이다.

프린터, 복사기, 팩스를 합쳐 만든 복합기가 대표적인 결합의 예라고 할 수 있다. 스마트폰도 전화기, 카메라, 뮤직 플레이어, 컴퓨터 등이 결합된 형태라고 할 수 있다.

(3) 응용하기

특정 대상을 다른 조건이나 목적에 맞게 조절할 수 있는지 질문한다. A를 B에만 쓰는 것이 아니라 C에도 쓰면 어떠할지에 대해 생각해보는 것이다.

벨크로Velcro는 식물의 씨앗(우엉 씨)이 옷감에 잘 달라붙

는 특성을 활용한 대표적인 예라고 할 수 있다.

(4) 변형 · 확대 · 축소하기

특정 대상의 색, 형태, 특성 등을 바꾸거나 확대하거나 축소할 수 있는지 질문한다.

노트북은 데스크톱 컴퓨터의 크기와 모양을 변경하여 만든 예라고 할 수 있다.

(5) 용도 바꾸기

특정 대상을 현재의 용도가 아니라 새로운 용도로 바꿀 수 있는지 질문한다.

현재 용도에 만족하지 않고 혁신적인 다른 용도로 사용될 가능성을 찾는 것이다. 크루즈 유람선 형태의 호텔도 배를 호텔로 용도를 변경하여 사용하고 있다.

(6) 제거하기

특정 대상의 구성 요소나 기능 중에서 일부를 제거하면 어떠할지를 질문한다.

날개 없는 선풍기를 보자. 이처럼 제품의 본질을 제거하기도 한다. 무풍 에어컨도 유사한 예라고 볼 수 있다.

(7) 역발상 · 재정리하기

기존의 대상에서 주어진 것의 순서나 모양 등을 거꾸로 해 보거나 다시 배열하면 어떠할지 질문한다. AB를 BA로 바꾸어 생길 수 있는 가치를 찾는 것이다.

양문형 냉장고는 기존에 위, 아래로 구분되어 있던 것을 좌, 우로 배치를 변경하여 만든 예라고 할 수 있다.

2

스캠퍼 기법의 활용

이제 스캠퍼 기법을 활용하여 아이디어를 도출하는 과제에 도전해보자. 당신이 서울 강남에서 파스타 전문점을 운영하고 있다고 하자. 최근 들어 매출은 정체되고, 비용은 증가하여 이익이 감소하고 있다. 이 문제를 해결하기 위해 아이디어가 필요하다. 스캠퍼 기법을 활용하여 사업에 도움이 될 만한 아이디어를 찾아볼 수 있다. 여기에 정답은 없다. 얼마나 새로운 아이디어를 생각해내는지가 중요하다. 예를 들면 다음과 같이 질문을 던질 수 있다.

① 대체하기

　　– 계산하는 카운터 대신 키오스크Kiosk를 통해 고객이 직접 주문
　　　하고 결제하도록 하면 어떨까?

② 결합하기

　　– 파스타와 전통 음식(파전과 막걸리)을 같이 판매하는 것은 어떨까?

③ 응용하기

　　– 회전 초밥집에서 사용하는 컨베이어를 이용해 고객이 직접 음
　　　식을 가져가 먹도록 하는 것은 어떨까?

④ 변형 · 확대 · 축소하기

　　– 파스타 곱빼기, 어린이 전용 파스타, 국물 파스타 등의 메뉴를
　　　출시하면 어떨까?

⑤ 용도 바꾸기

　　– 테이블에서 바로 카드 결제가 가능하도록 하면 어떨까?

⑥ 제거하기

　　– 서빙하는 직원을 없애고, 고객이 직접 음식을 찾아가도록 하
　　　면 어떨까?

⑦ 역발상 · 재정리하기

　　– 고객이 직접 파스타를 만들 수 있게 하면 어떨까?

예시를 참고해서 자신만의 아이디어를 찾아보자. '내 생각이 더 새롭고 기발한데?'라는 생각이 들었다면 더욱 좋겠다. 스캠퍼 기법에서 하나의 질문에 하나의 아이디어만 나오는 것은 아니다. 각각의 질문에 대한 답인 아이디어가 독립적이어야 하거나 서로 연결되어야 하는 것도 아니다. 우선 질문에 답을 하는 과정에서 가급적 많은 아이디어를 찾아낸 다음, 다시 그 아이디어들을 서로 연결하고 조합하는 과정을 통해 보다 나은 아이디어를 얻을 수 있게 된다.

지금까지 스캠퍼 기법의 활용법에 대해 살펴봤다. 무턱대고 아이디어를 떠올리겠다고 애쓰기보다, 순서대로 질문을 던지며 아이디어를 찾기 때문에 발상 도구로서 훨씬 효과적이다. 처음에는 7가지 질문 내용을 출력하여 책상이나 다이어리 등에 붙여 두고 활용하면 된다. 어느 순간 굳이 보지 않고도 머릿속에서 자연스럽게 질문이 나올 것이다. 모든 도구가 그렇듯이, 도구만 좋다고 되는 것은 아니다. 많이 연습할수록 원하는 성과에 가까운 아이디어를 얻게 될 것이니, 기회가 될 때마다 잘 활용하기 바란다.

① 스캠퍼 기법은 새로운 것은 기존에 존재하는 것에서부터 출발한다고 전제한다. 즉 기존 것에 더하거나 빼거나 혹은 변형을 함으로써 새로운 것을 만들어낼 수 있다.

② 스캠퍼SCAMPER는 대체하기Substitute, 결합하기Combine, 응용하기Adjust, 변형 · 확대 · 축소하기Modify · Magnify · Minify, 용도 바꾸기Put to other uses, 제거하기Eliminate, 역발상 · 재정리하기Reverse · Rearrange의 알파벳 앞 글자를 따서 붙인 이름으로, 어떤 대상을 두고 순서대로 질문을 던져서 아이디어를 얻는 방식이다.

③ 각각의 질문에 답을 하는 과정에서 가급적 많은 아이디어를 찾아낸 다음, 다시 그 아이디어들을 서로 연결하고 조합하는 과정을 통해 보다 나은 아이디어를 얻을 수 있다.

PART 13

확장 사고 능력을
키워라

세상에서 가장 설득하기 힘든 사람은? 정답은 '살면서 책을 한 권만 읽은 사람'이다. 물론 살면서 책을 한 권만 읽은 사람은 없겠지만 그만큼 편협한 사고를 가진 사람은 설득하기 어려우며 대화 자체가 불가능할 수도 있다. 이 질문에 직장 상사 혹은 부모님을 떠올린 사람도 있을 수 있다. 아마 직장 상사나 부모님이 본인의 주장만을 강하게 내세우는 경우가 종종 있기 때문일 것이다. 하지만 어쩌면 그분들이 보기엔 우리가 편협한 사고에 갇혀 있다고 느낄지 모른다.

누가 옳은지 시시비비를 가리는 것은 나중에 하기로 하자. 핵심은 한 가지 관점으로만 바라보면 제대로 대상을 파악하기도, 그 대상과 관련한 문제를 찾아 해결하기도 어렵다는 것이다. 따라서 수평적 사고로 전환하여 사고를 확장하는 방법을 익혀야 다양한 관점에서 대상을 이해하고 해결안을 모색할 수 있다.

1

확장 사고 능력

　확장 사고 능력이란 어느 하나의 관점에 얽매이지 않고 다양한 관점으로 사고를 확대하는 것을 의미한다. 사고의 방식은 수직적 사고와 수평적 사고로 구분할 수 있다. 논리적 사고가 논리적으로 인과 관계를 깊이 파고드는 수직적 사고라면, 확장 사고 능력은 다양한 관점과 접근법을 모색하는 수평적 사고라 할 수 있다. 여기서 두 가지 사고 방식은 서로 대립되기보다는 보완적 관계에 있다고 봐야 한다. 확장 사고 능력을 통해 다양한 관점에서 생각을 만들어낸 후, 그러한 생각이 타당한지, 실현 가능한지 검토할 때는 논리적 사고가 필요하다.

여기서는 확장 사고 능력을 중심으로 살펴볼 예정인데, 확장 사고 능력은 특히 다양한 해결법을 찾는 데 도움이 된다. '고르디우스의 매듭'으로 예를 들어보자.

농부의 아들이었던 고르디우스는 자신이 프리기아의 왕이 되자 스스로 너무 고무되어, 수도인 고르디움의 신전 기둥에 아주 복잡한 방법으로 매듭을 지어 전차 한 대를 묶어 놓았다. 그리고 "누구든지 이 매듭을 푸는 자, 아시아를 정복할 것"이라고 예언했다. 이후 많은 사람들이 이 매듭을 풀기 위해 도전했지만 모두 실패했다. 그러다 기원전 334년, 알렉산더 대왕이 수많은 군사를 이끌고 고르디움에 도착했다. 아시아를 정복하기 위해 가던 중, 고르디우스의 매듭 이야기를 전해 들은 알렉산더 대왕은 호기심이 생겨 신전으로 갔다. 대부분의 사람들은 그가 황제라고는 하나 매듭을 풀지 못할 거라 생각했다. 그러나 매듭을 살펴보던 알렉산더 대왕은 허리춤에 차고 있던 칼을 빼내 들어, 단번에 매듭을 잘라 버렸다. 그 일이 있은 후 알렉산더 대왕은 고르디우스의 예언대로 아시아를 정복하여 그리스 면적의 50배가 넘는 거대한 제국을 세

웠다.

　물론 이 일화를 그저 전설 속의 이야기라 생각할 수도 있다. 하지만 모두가 매듭을 어떻게 풀 수 있을까 고민하고 있을 때, '칼로 잘라 버리겠다.'고 생각의 범위를 확장할 수 있는 능력이 알렉산더에게 있었다는 사실에 주목할 필요가 있다. 우리가 풀어야 할 일상의 여러 문제들 역시 한 가지 답만 있는 것이 아니기에, 확장 사고 능력이 특히 필요하다. 그렇다면 사고를 확장하는 데 도움이 되는 방법은 없을까? 여기서는 브레인스토밍 기법과 특성 열거법을 살펴보도록 하자.

브레인스토밍 기법

브레인스토밍Brain Storming은 광고회사 대표였던 알렉스 오스본Alex Osborn이 동료들과 함께 창안한 아이디어 발상 기법이다. 그는 브레인스토밍을 "머리를 써서 어떤 문제를 공격하는 것using the brain to storm a problem"이라고 간단히 정리했는데, 회의실에서 신입 사원들이 말을 꺼내지 못하는 상황을 보고 생각했다고 한다. 보통 5~7명으로 팀을 구성해 아이디어를 내고 더 좋은 아이디어로 발전시킴으로써 '두뇌 폭풍Brain Storm'을 일으킨다. 아이디어들이 확산되며 눈덩이가 뭉쳐지듯 연쇄적으로 이어지기 때문에 '눈 굴리기Snow Bowling' 기법이라고도 한다.

그는 남의 아이디어를 비판하지 말라고 강조하며 수돗물에 비유했다. 수도꼭지에서 찬물과 더운물을 동시에 틀면 미지근한 물밖에 얻을 수 없다는 것이다. 차갑게 비판을 받지도 못할 뿐 아니라 뜨거운 아이디어를 얻지도 못하기 때문에 회의가 끝날 때까지 찬물이 나오는 수도꼭지(비판)를 잠가야 한다는 것이다. 또한 그는 브레인스토밍을 성공적으로 이끌기 위한 4가지 원칙을 다음과 같이 제시했다.

첫째, 아이디어 비판 금지다.

브레인스토밍에서는 타인의 아이디어를 절대 비판하지 말아야 한다. 아이디어 비판을 받은 사람은 분위기에 짓눌려 더 이상 아이디어를 내지 않기도 한다.

둘째, 자유분방한 발표다.

현실의 제약에 얽매여서는 안 된다. 아무리 하찮은 아이디어라도 망설이지 말고 발표해야 한다. 그 하찮은 아이디어가 다른 사람에게 영감을 주어 놀라운 아이디어로 발전될 수도 있다고 생각해야 한다.

셋째, 무조건 많은 아이디어의 창출이다.

질보다는 양을 추구해야 한다.

넷째, 아이디어의 확장이다.

브레인스토밍에서는 기존의 아이디어를 결합해 새로운 아이디어가 나오도록 할 수 있다. 처음에는 전혀 관계없어 보이는 개별 아이디어들이 특정한 기준에 따라 합쳐지면 괜찮은 아이디어로 다시 태어나는 경우가 많다. 따라서 기존의 아이디어를 다각도로 검토해 새로운 의미로 확장하는 것도 도움이 된다.

[문제] 브레인스토밍 원칙을 떠올리며 다음 문제를 풀어보자. 당신의 현재 영어 실력은 토익 900점이다. 그러나 외국인을 만나면 말도 잘 못하고, 무슨 말인지 알아듣기도 힘들다. 이 문제를 해결하기 위한 방법은?

브레인스토밍 원칙에 따라 많은 아이디어를 얻어냈는가? 예를 들어 다음과 같은 아이디어를 낼 수 있다. ① 리스닝, 스피킹 교재를 구매하여 공부한다. ② 영어 회화 집중 코스 학원을 다닌다. ③ 전화로 외국인과 대화하는 강좌를 신청한다. ④ 외국인 친구를 만든다. ⑤ 출퇴근 시간에 지하철에서 CNN 뉴스를 청취한다. ⑥ 미국 드라마의 대사가 들릴 때까지 반복 시청한다. ⑦ 경복궁에서 주말 관광 가이드 활동에 지원한다. 이 밖에도 다양한 아이디어가 생각날 수 있다. 이처럼 브레인스토밍을 활용해 최대한 많은 양의 아이디어를 생산해낸 후 이를 기반으로 아이디어를 확장하면 문제 해결에 필요한 도움을 받을 수 있다.

3

특성 열거법

특성 열거법은 1931년 미국 네브래스카 대학의 로버트 플랫 크로포드Robert Platt Crawford 교수가 제안한 것으로, 개선하고자 하는 대상의 주요 특성을 나열해 그것들을 어떻게 바꾸거나 기능을 개선시킬 수 있을지 고민하는 방법이다. 간혹 아이디어를 위한 회의에서 참여자들이 더 이상 아이디어를 내지 못하고 정체 현상을 보이는 경우가 있다. 이런 상황에서 단순히 아이디어를 내라고 독촉하기만 해서는 더 이상 좋은 아이디어를 만들어내기 어렵다. 이때 특성 열거법을 이용하면 효과적이다.

특성 열거법을 활용할 때에는 흔히 3가지 특성, 즉 명사적 특성, 형용사적 특성, 동사적 특성으로 분류하는 방법을 활용한다. 명사적 특성이란 전체, 부분, 재료, 제조 방법 등의 구성 요소 중 명사의 형태로 표현할 수 있는 특성이다. 형용사적 특성은 성질, 모양, 색깔 등 형용사 형태로 표현할 수 있는 특성이며 동사적 특성은 기능, 용도 등 동사적 형태로 표현할 수 있는 특성이다. 쉽게 예를 들어 자동차를 개선하고 싶을 때 먼저 3가지 특성을 열거하면 다음과 같다.

① 명사적 특성: 엔진, 핸들, 오디오, 각종 페달, 좌석, 창문 등
② 형용사적 특성: 날렵하다, 화려하다, 세련되다, 차갑다, 딱딱하다, 부드럽다 등
③ 동사적 특성: 앉다, 운전하다, 쉬다, 자다, 먹다, 마시다, 청소하다, 노래하다 등

이렇게 3가지 특성을 먼저 나열해놓으면 각각의 특성에 대해 개선 아이디어를 펼칠 수 있다.

가령 명사적 특성 중 각종 페달이 너무 많은데, 가속

페달과 브레이크 페달을 하나로 합치는 아이디어가 나올 수 있다. 형용사적 특성 중 '차갑다'라는 특성에 대해 항상 일정한 온도를 유지하는 재질로 내장재를 만들 수 있다면, 겨울엔 따뜻하고 여름엔 시원한 느낌을 줄 수 있지 않을까? 동사적 특성 중 '쉬다'라는 특성에 대해 운전 중 신호 대기하는 순간에 피로를 풀어줄 수 있도록 안마 기능을 탑재한 좌석을 만들 수도 있을 것이다.

추가로 특성 열거법에 희망점 열거법과 결점 열거법을 연결하여 활용할 수도 있다. 예를 들어 특성 열거법에 의해 나타난 각각의 특성을 희망점이나 결점이라는 관점으로 생각해보는 것이다. 가령 명사적 특성 중 '창문'을 희망점으로 '햇빛의 강도에 따라 (마치 선글라스처럼) 색깔이 짙어지면 어떨까?'라고 생각해볼 수 있다. 또 결점으로 '차갑다', '창문이 오르내리는 소리가 듣기 싫다', '잘 깨진다' 등을 생각해볼 수도 있다.

여기서 잠깐! '희망점을 열거하는 것은 결점을 그냥 반대로 뒤집은 거 아니야?'라고 생각하는 사람이 있을 수 있다. 그러나 엄밀하게는 두 가지 관점에 조금 차이가 있다. 희망점이란 '현재 크게 문제라고 느끼지는 않지만 개선하면 좋다.'라는 것이고 결점이란 '현재 어떤 문제가 있어 불편함을 느낀다.'라는 의미이다. 원래 희망점 열거법과 결점 열거법도 사고의 확장 기법으로 독립적으로 활용되지만 특성 열거법에 연결하여 활용할 때 더욱 사고의 확장에 도움이 되기에 추천하는 바이다.

① 확장 사고 능력이란, 어느 하나의 관점에 얽매이지 않고 다양한 관점으로 사고를 확대하는 것이다. 다양한 관점과 접근법을 모색하는 수평적 사고라 할 수 있다.

② 브레인스토밍Brain Storming은 알렉스 오스본이 동료들과 함께 창안한 아이디어 발상법으로, "머리를 써서 어떤 문제를 공격하는 것using the brain to storm a problem"을 의미한다.

③ 브레인스토밍의 4가지 원칙은 아이디어 비판 금지, 자유 분방한 발표, 무조건 많은 아이디어 창출, 아이디어의 확장 (연결)이다.

④ 특성 열거법은 개선하고자 하는 대상의 주요 특성을 나열하고, 그것들을 어떻게 바꾸거나 기능을 개선시킬지 고민하는 방법이다. 흔히 3가지 특성, 즉 명사적 특성, 형용사적 특성, 동사적 특성으로 분류하는 방법으로 활용한다.

⑤ 특성 열거법에 희망점 열거법과 결점 열거법을 연결하여 활용하면 보다 효과적이다. 특성 열거법에 의해 나타난 각각의 특성을 희망점이나 결점의 관점에서 생각해보면 된다.

PART 14

연결 사고 능력을 키워라

"위대한 아이디어는 레스토랑 회전문에서 나온다."

노벨상을 수상했던 프랑스 소설가 알베르 카뮈Albert Camus가 했던 말이다. 위대한 아이디어는 다른 분야와의 경계에서 주로 탄생한다는 뜻이다. 서로 이질적인 요소가 결합하면 기존과는 다른 새로운 창조가 이루어진다는 말이다. 이는 곧 창조성의 핵심이 서로 다른 요소를 연결하는 능력에 있다는 뜻이기도 하다. 핵심은 '연결 사고'다.

음악 산업의 혁명을 가져온 제품, 아이팟을 개발했던 애플의 수석 부사장 존 루빈스타인Jon Rubinstein도 창조성의 핵심이 연결 사고에 있었음을 숨기지 않았다. 그는 세상을 놀라게 했던 아이팟에 대해 이렇게 평가했다. "아이팟은 이미 시장에 나와 있는 기술들을 적절히 이용한 제품입니다." 그에 따르면, 아이팟은 새로운 기술을 적용한 것이 아니라 기존에 존재하던 여러 기술을 잘 연결해서 만든 제품이라는 것이다. 이처럼 서로 다른 요소를 잘 연결하는 것만으로도 새로운 아이디어를 개발할 수 있다. 지금부터 연결 사고를 활용한 기법인 '입출법'과 '다빈치 기법'에 대해 알아보자.

입출법의 활용

[문제] 널리 알려진 문제 하나를 풀어보자. 코끼리를 냉장고에 넣으려고 한다. 어떻게 하겠는가?

이 문제는 누가 만들었는지 정확하지는 않지만, 흔히 '코끼리를 냉장고에 넣는 법'이라는 제목으로 널리 알려진 문제다. 이 문제에 정답이란 존재하지 않는다. 직업이나 전공에 따라 무수히 많은 해답이 소개되고 있다. 그중 몇 가지만 소개하면 다음과 같다.

> 식품공학자: 코끼리를 도축한다 → 코끼리 고기를 통조림으로 만든다 → 통조림을 냉장고에 넣는다
>
> 기계공학자: 코끼리보다 큰 냉장고를 제작한다 → 냉장고에 코끼리를 넣는다
>
> 심리학자: 코끼리에게 "너는 냉장고에 들어갈 수 있다."라고 최면을 건다 → 코끼리가 알아서 제 발로 냉장고에 들어간다
>
> 논리학자: 냉장고 문을 연다 → 냉장고에 코끼리를 집어넣는다 → 냉장고 문을 닫는다

난센스 퀴즈이긴 하지만, 앞서 소개된 모든 답에는 동일한 구조가 있다. 시작점과 마지막 목적점이 동일하다는 것이다. '코끼리와 냉장고가 분리되어 있는 상태'라

는 시작점과 '냉장고 안에 코끼리가 들어간 상태'라는 마지막은 동일하다. 시작점에서 출발하여 마지막 목적점에 도달하는 과정이 서로 다를 뿐이다.

이처럼 아이디어의 시작과 끝을 미리 정해두고 그 사이의 과정을 강제적으로 연상하여 연결시키는 사고 기법을 '입출법'이라고 한다. 입출법이란 GE(제너럴 일렉트릭)에서 자동 장치의 설계를 위해 개발한 강제 연상법으로 인풋(Input-입력) 상태에서 해결 목적인 아웃풋(Output-출력) 상태까지의 공백을 강제적 연상으로 연결시켜 나가는 방법이다.

가령 "소문만복래笑門萬福來"라는 말이 있다. "웃는 집 대문으로는 온갖 복이 들어온다."라는 뜻이다. 이는 '웃음'이라는 인풋이 '복'이라는 아웃풋으로 연결된다는 의미다. 정말 웃음이 복을 불러오는 것일까? 입출법을 활용하여 논리를 연결하면 이렇다.

웃음이 많은 집이 있다 → 즐거움을 원하는 사람들이 그 집을 찾는 경우가 많아진다 → 손님들끼리 네트워킹이 활발해진다 → 네트워킹 때문에 사람들끼리 서로 돕는 일이 많아져서 출세하는 사람이 많아진다 → 출세한 사람들이 감사의 마음으로 그 집 일이라면 자신의 일처럼 돕는다 → 그 결과 온갖 복이 들어온다

   아무런 제한 없이 자유롭게 생각할 때보다 인풋과 아웃풋을 미리 설정하고 그 범위 내에서 강제적으로 연상을 하게 하면 보다 효과적인 결과를 얻을 수 있다. 입출법을 진행하기 위해서는 다음과 같은 절차를 거치면 효과적이다.

   첫째, 해결해야 할 과제를 선정한다.
   둘째, 인풋과 아웃풋을 설정한다.
   셋째, 다양한 분야의 전문가들로 팀을 구성한다.
   넷째, 인풋과 아웃풋을 연결하기 위한 아이디어를 개발하고 평가한다.
   다섯째, 최종적인 아이디어가 도출될 때까지 반복하여 실시한다.

   이러한 입출법은 인풋의 조건과 아웃풋의 결과가 명확하거나 자동화 장치를 개발할 때 보다 유용하다. 다음의 경우를 생각해보자. 가령 집에 도둑의 침입을 알려주는 자동 경보 장치를 개발하고자 한다. 어떻게 하면 효과적

일까? 이 경우 '인풋=도둑의 침입, 프로세스=센서 장치, 아웃풋=침입 사실 탐지'가 된다. 이를 도식화하면 다음과 같다.

도둑의 침입Input과 침입 사실 탐지Output를 연결하는 프로세스는 어떤 과정을 거칠까? 대략 다음과 같은 과정을 그려볼 수 있다.

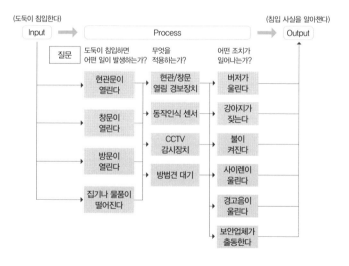

이를 통해 인풋(도둑의 침입)과 아웃풋(침입 탐지) 사이에 발생할 수 있는 사항을 세부 프로세스로 구분하여 생각해볼 수 있다. 가령 도둑이 침입하면 어떤 일이 발생하는지, 발생 사실에 따라 적용할 수 있는 탐지 장치는 무엇인지, 그 결과 발생하는 조치는 무엇인지를 생각하면 도둑 침입에 대비한 탐지 장치에 대한 아이디어를 보다 쉽게 도출할 수 있다. 입출법은 인풋과 아웃풋이 확정된 상태에서 아이디어를 개발하는 것이므로 결과의 활용도가 높은 기법에 속한다.

2

다빈치 기법의 활용

연결 사고 훈련을 통한 두뇌 트레이닝 기법 중에 '다빈치 기법'이라는 것이 있다. 이탈리아 르네상스의 거장 레오나르도 다빈치Leonardo da Vinci의 이름을 딴 이 기법은 그가 그림을 그릴 때 사용한 방법에서 유래되었다. 그는 사람의 얼굴을 그릴 때 머리 모양, 눈, 코, 입, 얼굴형 등으로 요소를 세분화한 후, 각 요소별 특징을 열거한 후 그것을 무작위로 연결하여 그림을 그렸다.

가령 머리 모양은 곱슬머리, 생머리, 민머리, 파마머리 등의 특징으로 열거하고, 눈은 부라린 눈, 움푹 들어간 눈, 찢어진 눈, 사팔눈, 작은 눈, 부은 눈 등의 특징으로 열거한다. 나머지 요소에 대해서도 특징을 열거한다. 그런 다음 각 요소별 특징을 무작위로 연결하여 얼굴 그림을 완성하면 된다.

머리모양	눈	코	입	얼굴형
곱슬머리	부라린 눈	매부리코	꽉 다문 입	둥근형
생머리	움푹 들어간 눈	오똑한 코	토끼입	사각형
민머리	찢어진 눈	들창코	두툼한 입	원형
파마머리	사팔눈	주먹코	활모양 입	역삼각형
...	...	...	...	...

그림처럼 연결하면, 민머리에 부라린 눈, 주먹코, 꽉 다문 입을 가진 사각형 모양의 얼굴이 탄생하게 된다.

이처럼 다빈치 기법이란 어떤 과제가 주어졌을 때 과제의 구성 요소를 도출하고 각 구성 요소의 세부 대안을 마련한 후, 무작위로 추출하고 조합함으로써 다양한 아이디어를 얻는 기법이다. 새로운 아이디어가 잘 떠오르지 않을 때 사용하면 유용하다.

[문제] 당신은 지금 라면 가게를 열어서 사업을 시작하고자 한다. 가게의 핵심 콘셉트는 '메뉴의 다양성'이다. 다른 곳에서는 맛볼 수 없는 다양한 유형의 라면을 제공함으로써 손님을 끌고자 한다. 우선 당신이 생각하는 메뉴를 모두 나열해보자.

몇 개나 생각했는가? 이 상황에서 다빈치 기법을 적용해보자.

우선 색다른 라면을 만드는 데 필요한 요소를 생각해보자. 예를 들어 라면에 들어갈 면의 종류, 국물의 종류, 스프의 종류, 추가로 들어갈 재료 등을 구분하고, 각각에 대한 특징을 나열한다.

면	국물	스프	추가 재료	
보통면	뜨거운	일반 스프	콩나물	피망
소면	차가운	고춧가루	소고기	버섯
국수면	미지근한	짜장 가루	새우	치즈
칼국수 면	국물 없는	카레 가루	조개	생선
짜장면		해물 맛	감자	다시마
생면		소고기 맛	고구마	깻잎
쫄면			양파	당근

그런 다음 각 요소별 특징을 무작위로 연결한다. 가령 칼국수 면과 차가운 국물, 카레 가루에 소고기를 넣은 라면이 탄생할 수 있다. 이런 식으로 하면 면(7종), 국물(4종), 스프(6종), 추가 재료(14종)로 만들 수 있는 라면의 종류는 무려 2,352종($7×4×6×14=2,352$)이나 된다. 여기에 추가 재료를 한 가지만 선택하는 것이 아니라 복수로 선택할 경우, 가능한 조합은 기하급수적으로 늘어난다.

이와 같이 다빈치 기법을 활용하면 지금껏 생각하지 못한 색다른 아이디어 개발에 도움이 된다. 여기서 핵심은 '연결 사고'다. 개별 요소로만 보면 별다를 것이 없지만, 각 요소별 특징을 연결하면 예상하지 못한 새로운 아이디어를 만날 수도 있다. 하지만 이 또한 그냥 할 수 있는 것은 아니다. 연습과 훈련이 필요하다. 무엇인가 새로운 것을 개발하고 싶을 때는 다빈치 기법을 적극 활용해 보기 바란다.

① 연결 사고란 서로 다른 요소를 연결하는 능력인데 이를 통해 다양한 아이디어를 얻을 수 있다. 어쩌면 창의성의 핵심은 '연결 사고'에 있을 수도 있다.

② 입출법이란 GE(제너럴 일렉트릭)에서 자동 장치의 설계를 위해 개발한 강제 연상법이다. 인풋(Input-입력) 상태에서 해결 목적인 아웃풋(Output-출력) 상태까지의 공백을 강제적 연상으로 연결시켜 나가는 방법이다.

③ 입출법 진행 절차는 다음과 같다.

첫째, 해결해야 할 과제를 선정한다.

둘째, 인풋과 아웃풋을 설정한다.

셋째, 다양한 분야의 전문가들로 팀을 구성한다.

넷째, 인풋과 아웃풋을 연결하기 위한 아이디어를 개발하고 평가한다.

다섯째, 최종적인 아이디어가 도출될 때까지 반복하여 실시한다.

④ 다빈치 기법이란 어떤 과제의 구성 요소를 도출하고 각 구성 요소의 세부 대안을 마련한 후, 무작위로 추출하고 조합함으로써 다양한 아이디어를 얻는 아이디어 개발 기법이다.

PART 15

감성 사고 능력을
개발하라

[문제] 흰색 공과 검정색 공이 섞여 있는 두 개의 주머니가 있다. 각 주머니에 들어있는 공의 숫자는 다음과 같다.

[A 주머니] 흰색 공 9개, 검정색 공 1개
[B 주머니] 흰색 공 92개, 검정색 공 8개

A와 B 중에서 하나를 택하고, 거기서 검정색 공을 뽑으면 100만 원의 상금이 지급된다. 당신은 A와 B 중 어느 쪽 주머니를 선택하겠는가? 당신의 선택은?

이 문제에서 사람들은 어느 쪽 주머니를 더 많이 선택할까? 실제 실험을 해 보니 A보다 B를 선택하는 사람이 많았다. 확률적으로만 놓고 보면 B보다는 A를 선택했을 때 검정색 공을 뽑을 확률이 높다.(검정색 공을 뽑을 확률은 A가 10%, B가 8%) 하지만 사람들은 확률이 낮은 B 주머니를 더 많이 선택했다. 도대체 왜 이런 일이 발생하는 것일까?

그 이유는 '감정 휴리스틱'이 작용하고 있기 때문이다. 행동심리학과 행동경제학에 따르면 인간은 우리가 생각하는 것보다 훨씬 감정적이고 감성적이다. '감정 휴리스틱Affective Heuristic'이 인간에게 내재하고 있기 때문이다. 감정 휴리스틱은 판단이나 의사 결정을 내릴 때 이성이 아닌 감성이 직관적으로 작용하여 선택에 영향을 미치는 것을 말한다.

앞의 경우처럼, 확률적으로는 A 주머니에서 검정색 공을 뽑을 가능성이 높지만, 검정색 공이 딱 1개뿐인 주머니에는 왠지 손이 가지 않는다. 이는 이성이 아닌 감성이 의사 결정에 영향을 미쳤기 때문이다. 이처럼 인간은 경우에 따라서는 감성의 영향을 받는 존재다. 따라서 감성으로 사고하는 능력도 요구된다. 감성 사고 능력을 개발하는 방법은 여러 가지가 있겠으나, 여기서는 스토리텔링 기법에 대해 알아보자.

감성 사고의 힘

다음은 생수를 판매하는 두 회사의 상품 홍보 멘트이다.

[A사] 이 생수는 제주도 한라산 청정 지역에서 취수取水한 물로
미네랄이 풍부합니다.

[B사] 이 생수 한 병을 구매하시면, 기아에 허덕이는 아프리카
어린이의 한 끼 식사가 해결됩니다.

둘 중 어느 쪽이 효과적일까? 당신이 고객이라면 두 회
사 중에서 어느 쪽 생수를 구매하겠는가? A사와 B사는

고객을 설득하기 위해 접근하는 방식이 서로 다르다. A 사는 제품의 특성이나 효능을 소개하면서 소비자의 구매를 유도하고 있는 반면 B사는 제품 특성보다는 구매 후 소비자가 얻을 수 있는 가치나 만족감에 어필하고 있다. 전자가 '이성적 접근'이라면 후자는 '감성적 접근'이다. 어떤 방법이 설득을 하는 데 효과적일까? 물론 소비자의 성향에 따라서 선호 유형은 서로 다를 것이다. 하지만 그럼에도 B사의 생수를 구매하는 사람이 많을 것이다.

인간의 사고를 담당하는 곳은 두뇌다. 두뇌는 좌뇌와 우뇌로 구분되어 있으며, 각각의 부분이 담당하는 기능과 역할이 다르다. 좌뇌는 이성적으로 사고하며 우뇌는 감성적으로 판단한다. 또 좌뇌가 분석을 담당한다면, 우뇌는 의사 결정을 담당한다. 가령 물건을 구매하는 상황에서 인간의 두뇌는 빠르게 움직인다. 여러 상품 중 어느 것을 사야 할지를 판단하기 때문이다. 각 상품 간의 특성을 비교하고 분석하는 일은 좌뇌가 맡는다. 하지만 좌뇌의 역할은 거기에서 끝난다. 분석한 결과를 바탕으로 최종 의사 결정은 우뇌가 내린다. 이때 우뇌는 좌뇌의 분석 결과를 있는 그대로 따르지 않는다. 우뇌는 좌뇌처럼 이성적으로 사고하지 않고, 감성적인 사고를 하기 때문이다. 이런 이유 때문에 구매 행위에 있어서 사람들은 '분석 따로 결정 따로'인 경우가 많다.

"설득에서 정말 중요한 것은 에토스Ethos를 바탕으로 파토스Pathos와 로고스Logos가 조화를 이루는 것이다."

고대 그리스 철학자인 아리스토텔레스Aristoteles가 한 말이다. 여기서 에토스는 신뢰, 파토스는 감성, 로고스는 논리(이성)를 뜻한다. 설득을 잘 하려면 신뢰를 바탕으로 감성과 이성이 조화를 이루어야 한다는 말이다. 굳이 위대한 철학자의 말을 빌리지 않더라도 설득에서 신뢰, 감성, 이성이 필요하다는 것은 상식에 가까운 이야기다. 신뢰가 없으면, 상대를 설득할 수 없다. 따라서 신뢰는 기본에 속한다.

그렇다면 이성과 감성 중에 더 중요한 것은 무엇일까? 당신이 철학을 공부한다면 이성이 중요할 것이다. 하지만 비즈니스를 한다면 감성이 중요하다. 왜냐하면 당신의 상품이나 서비스를 사주는 고객은 최종 구매 의사 결정을 감성이 관장하는 우뇌를 통해 내리기 때문이다. (그렇다고 이성이 필요 없다는 뜻은 아니다. 이성적 분석을 하는 좌뇌의 경계를 통과해야 우뇌에 도달할 수 있기 때문이다. 해서, 이성도 필요하다.) 그렇다면 감성은 어떻게 자극할 수 있을까? 먼저 문제를 하나 풀어 보자.

[문제]

① '동춘 서커스'에는 없는데, '태양의 서커스'에는 있는 것

② '삼다수(생수)'에는 없는데, '에비앙'에는 있는 것

③ '디스(담배)'에는 없는데, '말보로'에는 있는 것

당신이 생각하는 정답은 무엇인가?

정답은 스토리다. 1925년에 창설된 동춘 서커스는 역사와 전통을 자랑하는, 그야말로 최고의 공연단이었다. 가난하고 힘들었던 시절 전국 방방곡곡을 다니며 국민들에게 웃음을 선사했던, 대중예술의 산실이었다. 그러나

한 세기가량 지난 지금에 와서는 과거의 영광을 뒤로한 채 겨우 명맥만을 유지하고 있는 실정이다. 반면 1984년 캐나다의 길거리 공연에서 시작된 태양의 서커스는 짧은 역사에도 불구하고 세계 최고의 엔터테인먼트 공연 회사로 발돋움하였고, 지금도 전 세계에서 성황리에 공연 중이다. 둘의 차이는 무엇일까? 서커스단의 핵심 역량인 곡예 수준에서 차이가 나는 것일까? 그렇지 않다. 곡예나 기예 수준만 놓고 보면 동춘 서커스가 태양의 서커스에 결코 뒤지지 않는다. 하지만 동춘 서커스에는 곡예만 있을 뿐 스토리가 없다. 반면 태양의 서커스에는 스토리가 있다. 기본적으로는 화려한 서커스를 보여주지만 쇼마다 각자 다른 주제로 이야기가 펼쳐진다.

생수 브랜드인 에비앙이나 담배 브랜드인 말보로 역시 상품을 파는 것이 아니라 이야기를 판다. 프랑스 다국적 기업인 다논 그룹이 만든 생수 에비앙은 스위스 제네바 호수의 남쪽 해안인 에비앙 레방 근처에서 나오는 광천수다. 하지만 이러한 정보는 고객의 마음을 끄는 데 아무런 도움이 되지 않는다. 그러나 에비앙에 숨겨진 이야기를 들어보면 상황이 달라진다. 이야기는 이렇다.

"신장 결석을 앓던 프랑스의 레세르라는 후작이 알프스 자락의 작은 마을인 에비앙에서 요양하면서 병이 완치되었다. 알프스 산맥의 만년설이 녹아서 흘러내린 물을 마셨기 때문이다. 그 속에는 미네랄 등 인체에 유익한 성분이 다량 함유되어 있었던 것이다."

사실 이 스토리가 사실인지, 아니면 지어낸 것인지는 확인하기 어렵다. 하지만 진위 여부에 관계없이 스토리의 힘은 막강하다. 이 이야기에 열광한 소비자들이 너 나 할 것 없이 에비앙을 찾았고 그 결과 에비앙은 세계 1위 생수업체가 되었다.

미국인의 사랑을 받는 담배 말보로에도 이야기는 숨겨져 있다. MIT에 다니던 가난한 고학생과 부잣집 딸과의 슬프고도 애틋한 사랑 이야기가 바로 그것이다. 말보로Marlbor라는 담배 이름에도 그 이야기 속 사연이 담겨 있는데 "Man Always Remember Love Because Of Romance Over(남자는 흘러간 로맨스 때문에 항상 사랑을 기억한다)."라는 문구의 앞 글자를 따서 만들었다.

에비앙과 마찬가지로 이야기가 진짜인지 아닌지는 중요하지 않다. 단지 상품 속에 사람의 마음을 끌 만한 요소가 들어 있는지가 중요하다. 성공한 브랜드는 거의 예외 없이 스토리가 담겨 있다. 몽블랑, 나이키, 할리 데이비슨 등등의 브랜드에도 이야기는 빠짐없이 등장한다. 감성을 자극하는 가장 효과적인 수단이 스토리이기 때문이다. 좋은 스토리는 사람들에게 감동을 주고, 감성을 자극함으로써 설득력을 높인다.

감성을 자극하는
스토리텔링 기법 연습

[문제] 당신은 불행한 사고를 당해 두 눈의 시력과 목소리를 잃었다. 이제 당신은 먹고살기 위해 도심 번화가에서 구걸을 해야할 입장이다. 당신 앞에는 원통의 모금함이 놓여 있고, 당신의 목에는 작은 안내문이 걸려 있다. 사람들은 당신 목에 걸린 안내문의 문구를 읽어본 후, 당신에게 적선을 할지 말지 결정할 것이다. 이 상황에서 당신은 안내문에 뭐라고 써 놓겠는가? 당신의 이야기를 써보자.

이 이야기는 1920년대 뉴욕에서 실제 있었던 일이다. 한 맹인이 뉴욕의 어느 번화한 거리에서 구걸을 하고 있었다. 그의 목에는 작은 안내문이 걸려 있었고, 거기에는 다음과 같이 적혀 있었다. "나는 **맹인입니다.**" 맹인 앞을 지나치는 사람은 꽤 많았지만 힐끗 쳐다보기만 했지 다가와서 관심을 보이거나 적선을 하는 이는 없었다. 몇 시간이 지나도 모금함은 텅 빈 채 놓여 있었다. 그때 한 남자가 맹인 앞에 멈추어 섰다. 남자는 맹인의 목에 걸린 안내문 문구를 유심히 살피더니 그 문구를 수정해 주고 떠났다.

이후 놀라운 일이 벌어졌다. 바삐 지나가던 사람들이 맹인에게 관심을 보이기 시작했고, 한 푼씩 적선하는 사람이 많아졌다. 몇 시간 동안이나 덩그러니 비어 있던 모금함은 얼마 지나지 않아 동전과 지폐로 가득 찼다. 맹인의 목에 걸린 안내문에는 다음과 같은 문구가 적혀 있었다. "눈부시게 아름다운 봄날입니다. 하지만 저는 앞을 볼 수 없답니다."

이 이야기는 스토리텔링의 힘을 잘 보여주는 사례다. 이처럼 스토리는 상대방의 감성을 자극하기 때문에 효과적인 설득의 도구가 된다. 네덜란드 미래학자 롤프 옌센Rolf Jensen도 "모두가 함께 공감할 수 있는 멋진 이야기는 어느 분야를 막론하고 효과적인 설득의 수단이 될 것"이라고 주장하였다. 논리적이고 이성적인 지식만으로는 사람을 설득하는 데 한계가 있다. 사람의 마음속에 숨겨져 있는 감성을 이끌 수 있어야 한다.

스토리텔링이란 무엇일까? '스토리Story'와 '텔링Telling'의 합성어로, 이야기Story를 전달Telling하는 것을 말한다. 스토리를 전달함으로써 사람을 설득하는 행위가 스토리텔링이다. 어려운 내용도 쉽게 풀어서 이야기로 만들면 효과적으로 전달할 수 있고, 상대를 설득하는 데도 용이하다. 아무리 복잡한 원리나 공식이라도 아이디어가 가미된 스토리를 통하면 쉽게 이해할 수 있기 때문이다. 이야기에는 쉽게 전달하고, 이해시키고, 고개를 끄덕이게 만들고, 감동을 주고, 몰입하게 만드는 마력이 있다. 잘 만들어진 스토리텔링은 공감하게 만들고 소통을 원활하게 하여 결과적으로 설득력을 높인다.

그렇다면 설득력 있는 스토리를 만들기 위해서는 어떻게 해야 할까? 이제부터 직접 스토리를 만들어보자. 3가지 원칙을 지키면 좋은 스토리를 만들 수 있다. '감정, 메시지, 교훈'을 담아야 한다는 것이다.

(1) 사실에 감정을 입혀라.

좋은 스토리는 화자의 감정선이 살아 있어야 한다. 화자의 감정이 잘 드러나야 상대의 관심과 흥미를 이끌어낼 수 있기 때문이다. 예를 들어보자. 어떤 초보 스토리텔러가 영화 〈로미오와 줄리엣〉을 보고 난 뒤, 마지막 장면을 활용하여 스토리를 만들었다. 그는 다음과 같이 적었다. "로미오가 죽고 줄리엣도 죽었다." 이 스토리가 재미있는가? 감동적인가? 전혀 그렇지 않다. 이 문구를 스토리라 부르기엔 미흡하다. 이것은 단지 로미오와 줄리엣이 죽은 두 개의 사건에 대한 단순 기록에 불과하다. 이제 당신이 살을 붙여보자. 당신이라면 앞의 문장에 어떻게 감정을 입힐 것인가? 당신의 생각을 적어보자.

앞의 진술을 다음과 같이 바꾸면 어떨까? "로미오가 죽은 것을 확인한 줄리엣은 오열을 하며 단검으로 자신의 가슴을 찔렀다." 로미오의 죽음과 줄리엣의 죽음이라는 두 개의 사건이 하나의 이야기로 연결되었다. 원인과 결과가 명확해졌고, 건조했던 사건에 감정이 들어갔다. 그 결과 스토리가 이전보다 훨씬 풍부해졌다. 여기에 조금 더 살을 붙이면 훨씬 감동적인 이야기가 될 것이다. 줄거리에 감정이 들어가는 순간 '단순한 사실'은 '재미있는 이야기'로 바뀐다. 호기심이 생기고 상상력이 자극된다. 핵심은 '감정'이다. 감정이라는 양념이 첨가되어야 이야기의 맛이 살아난다.

(2) 사실에 메시지를 넣어라.

스토리텔링은 '목적을 가진 이야기'를 말한다. 소비자의 지갑을 열게 하기 위한 목적이건, 연인의 마음을 사로잡기 위한 목적이건, 상대방의 양보를 이끌어내기 위한 목적이건 간에 모두 누군가를 설득할 목적을 가진 이야기다. 따라서 그 속에는 화자의 목적을 표현하는 메시지가 들어 있어야 한다. 이야기 속의 최종 메시지가 임무를 마무리 짓는 저격수 역할을 한다.

예를 들어보자. 우리나라에서 인기 있는 와인 중 '1865'라는 브랜드가 있다. 검정색의 와인병에 하얀색으로 1865라는 숫자가 큼지막하게 써 있다. 무슨 뜻일까? '1865년 산인가?' 하고 생각하는 사람이 있을지 모르겠다. 하지만 그렇게 고급 와인은 아니다. 1865 와인은 칠레의 와인 회사인 산 페드로San Pedro의 대표 제품인데, 이 회사 설립연도인 1865년을 기념하기 위해 만들어진 제품이다. 이 브랜드를 수입한 국내 회사의 마케팅 담당자는 어떻게 판매를 할까 고민하던 중, 우선 '1865'라는 숫자로 스토리텔링하기 적당한 곳을 찾아서 메시지를 만들었다.

제일 먼저 안양 베네스트 골프장에서 마케팅을 위한 스토리텔링을 시작했다. 어떻게 했는가 하면, 골프를 마치고 식사를 하는 골퍼에게 '1865'를 소개하면서 "1865 와인을 드시면, 18홀 동안 65타를 치게 됩니다."라고 홍보했다. 사람들의 반응은 어땠을까? 폭발적이었다. 물론 그 이야기를 곧이곧대로 믿는 사람은 없을 것이다. 하지만 메시지가 명확한 스토리는 입에서 입으로 전해졌다. 골프장의 레

스토랑 직원들도 웃으면서 1865를 권할 수 있었고, 특별히 선호하는 와인이 없는 골퍼들은 기왕 골프장에서 먹을 와인, 1865를 먹자는 식으로 선택하기 시작했다. '18홀 65타'라는 메시지가 골퍼들의 마음에 꽂힌 것이다. 이후 스토리텔링에 재미를 본 마케터는 와인을 대중화시킬 방법을 모색했다. 그래서 '18세부터 65세까지 부담 없이 마실 수 있는 와인'이라고 홍보하기 시작했고, 그 결과 또한 성공적이었다. 이처럼 메시지가 담긴 스토리는 목적을 달성하는 데 효과적인 수단이 된다.

(3) 사실에 교훈을 담아라.

좋은 스토리를 만드는 세 번째 원칙은 사실에 교훈을 담는 것이다. '촌철살인寸鐵殺人'이라는 말도 있듯이 때로는 열 마디 말보다 심금을 울리는 한 마디 명언이 더 큰 효과를 발휘할 때가 있다. 의미 있는 교훈을 담은 스토리는 상대를 감동시키고 움직이게 만든다. 좋은 스토리텔러는 일상적인 사건이나 에피소드에 감동을 주는 교훈을 담아낸다. 흔히 상대방을 자극하고 행동을 촉구하기 위한 수

단으로 많이 사용된다. 다음은 잘 알려진 '사자와 가젤'의
이야기다.

아프리카 초원에서는 매일 아침 가젤이 잠에서 깬다.
가젤은 가장 빠른 사자보다 더 빨리 달리지 않으면 죽는
다는 사실을 잘 알고 있다. 그래서 그는 자신의 온 힘을
다해 달린다.

아프리카 초원에서는 매일 아침 사자가 잠에서 깬다.
사자는 가젤을 앞지르지 못하면 굶어 죽는다는 사실을 잘
알고 있다. 그래서 그는 자신의 온 힘을 다해 달린다.

사자이든 가젤이든 마찬가지다. 해가 떠오르면 온 힘
을 다해 달려야 한다.

사자와 가젤의 비유를 통해 '누구나 살아남기 위해서
는 온 힘을 다해야 한다.'는 교훈을 전하고 있다. 이런 이
야기는 매일 치열한 삶을 살아내느라 지친 우리들로 하여
금 다시 한 번 힘을 내게 만든다. 스토리 속에 담긴 교훈
적 메시지에 공감하기 때문이다. 이처럼 좋은 스토리에
는 사람들의 마음을 사로잡는 교훈이 담겨 있다.

지금까지 스토리텔링 기법에 대해 살펴봤다. 스토리텔링 기법을 연습하면 감성 사고가 강화되며, 그렇게 강화된 감성 사고는 다시 강력한 스토리텔링을 만드는 데 영향을 미치게 된다. 당신의 감성 사고 능력이 자신의 삶은 물론 주변까지도 풍요롭고 아름답게 만들 수 있게 되길 기대한다.

① 인간에게는 '감정 휴리스틱Affective Heuristic'이 내재하고 있어, 판단이나 의사 결정을 내릴 때 이성이 아닌 감성이 직관적으로 작용하여 선택에 영향을 미치는 경우가 많다.

② 감성을 자극하는 가장 효과적인 수단은 스토리이다. 좋은 스토리는 사람들에게 감동을 주고, 상대방의 감성을 자극함으로써 설득력을 높인다.

③ 스토리텔링이란 '스토리Story'와 '텔링Telling'의 합성어로, 이야기Story를 전달Telling하는 것을 말한다.

④ 좋은 스토리텔링은 상대방을 쉽게 이해시키고, 고개를 끄덕이게 만들고, 감동을 주고, 몰입하게 만드는 마력이 있다.

⑤ 설득력 있는 스토리텔링을 위한 3가지 요소
   첫째, 사실에 감정을 입혀라.
   둘째, 사실에 메시지를 넣어라.
   셋째, 사실에 교훈을 담아라.

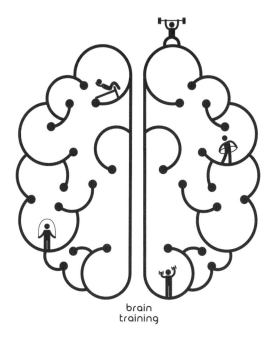

brain
training

하루 10분
두뇌 트레이닝

초판 1쇄 발행 2019년 7월 25일

지은이 장춘수, 이호건
기 획 브라이언 박
펴낸이 김혜은, 정필규
마케팅 정필규
편 집 김신희, 김정웅
디자인 김소영

펴낸곳 피플벨류HS
출판등록 2017년 10월 11일 제 2017-000065호
주 소 (10084) 경기도 김포시 김포한강3로 290-13 한양수자인리버펠리스604-1002
문 의 010-3449-2136
팩 스 0504-365-2136
납품 이메일 haneunfeel@gmail.com
일반문의 이메일 pvhs0415@naver.com